Fachbegriffe für Erzieherinnen und Erzieher

Diplompädagogin Irmgard Büchin-Wilhelm

Wiss. Lehrerin an der Fachschule für Sozialpädagogik in Lörrach
Mentorin in der Ausbildung von Referendarinnen und Referendaren

Dr. Rainer Jaszus, Studiendirektor

Fachschule für Sozialpädagogik in Lörrach
Fachleiter für Didaktik der Pädagogik und Psychologie im Staatlichen Seminar für Schulpädagogik (Berufliche Schulen) in Freiburg

Best.-Nr. 5841
Holland + Josenhans Verlag Stuttgart

3. Auflage 2004

Dieses Werk folgt der reformierten Rechtschreibung und Zeichensetzung.

Dieses Buch ist auf Papier gedruckt, das aus 100 % chlorfrei gebleichten Faserstoffen hergestellt wurde.

Tel.: 07 11/6 14 39 20, Fax: 07 11/6 14 39 22, E-Mail: verlag@huj.03.net,
Internet: www.holland-josenhans.de

Satz: Satzpunkt Ewert GmbH, Bayreuth

Druck und Weiterverarbeitung: Druckhaus „Thomas Müntzer GmbH", Bad Langensalza

ISBN 3-7782-5841-9

Für Martin

Vorwort

Es mangelt nicht an Wörterbüchern der Psychologie, Pädagogik und Soziologie. Die Artikel sind jedoch häufig sehr wissenschaftlich und weitschweifig abgefasst und für Erzieherinnen wenig wirklichkeitsnah. Wörterbücher zur Didaktik/Methodik der Sozialpädagogik fehlen.

Dieser „Wort-Check" enthält kurze und einführende Fachausdrücke der Psychologie, Pädagogik, Soziologie, Didaktik und Methodik der Sozialpädagogik sowie der Heilpädagogik. In der Regel wird der gesuchte Begriff mit einer Treffsicherheit von 80–90 % gefunden. Um nahezu vollständige Treffsicherheit zu erzielen, müssten die „Fachbegriffe für Erzieherinnen und Erzieher" um ca. 1000 Begriffe erweitert werden. Wir denken, dass das für den Erstkontakt (zu Beginn des Vorpraktikums) mit berufswichtigen Fachbegriffen unnötiger Ballast ist und eher zur Entmutigung beim Lernen führen kann.

Deshalb sind wir so vorgegangen:

1. Die Begriffe sind einfach und häufig durch Beispiele beschrieben, um ein hohes Maß an Verständlichkeit und Anschaulichkeit zu erzielen.
2. Zu Oberbegriffen wurden Kategorien gebildet, z. B. Erziehungswissenschaften: Kategorien Anthropologie, Sozialisation, Erziehung, Bildung, Sozialpädagogische Planungskonzepte. Diese Fächer übergreifenden Aspekte entsprechen – nach heutigem Stand – weitgehend den Lernfeldkonzeptionen in der Neufassung der Erzieherinnenausbildung.
3. Da für Erzieherinnen entsprechende Lehrbücher bzw. Wörterbücher zur Didaktik/Methodik und Heilpädagogik fehlen, wurde hier bei der Auswahl der Begriffe der Schwerpunkt gesetzt.

Begriffe aus der Psychologie und der Pädagogik wurden aus Platzgründen auf die wichtigsten Stichwörter beschränkt. Weitere Begriffe sind in Lehrbüchern, wenn auch mühsam, noch am ehesten aufzufinden.

Eine regelmäßige Nutzung dieses „Wort-Checks" empfiehlt sich auch im Hinblick auf die Wiederholung vor der Prüfung. Wer die Fachbegriffe beherrscht, kann Inhalte klarer darstellen.

Im Übrigen entscheiden die Benutzer, welche Gewichtungen, Verbesserungen aus ihrer Sicht nötig sind. Bitte senden Sie Ihre Vorschläge an die Postanschrift oder E-Mail-Adresse des Verlages.

Wir danken schließlich allen Schülerinnen und Schülern, Referendarinnen und Referendaren, die uns seit Jahren durch konstruktive Mitarbeit zu diesem Wort-Check ermuntert haben.

Lörrach/Efringen-Kirchen

Die Autoren

Vorwort zur 2. Auflage

Wenige Wochen seit Erscheinen unseres Wort-Checks ist die 1. Auflage bereits vergriffen. Unsere eigene Zielvorgabe, Einstiegshilfe in den „Wortdschungel" sozialwissenschaftlicher Termini zu geben, scheint damit gelungen zu sein.

Überraschend ist die gute Annahme des Buches bei Erzieherinnen und Erziehern, die seit Jahren ihren Beruf ausüben, sowie bei Berufen, die unter dem Blickwinkel Kind mit unterschiedlichen Schwerpunkten arbeiten, z. B. Kinderpfleger(innen), Heilerziehungspfleger(innen), Ergotherapeut(innen).

Irmgard Büchin-Wilhelm

Rainer Jaszus

Februar 2003

Inhaltsverzeichnis

Kategorien der Erziehungswissenschaft und deren Grundbegriffe

Erziehungswissenschaft: Bereiche	synonym → Pädagogik. Die Erziehungswissenschaften gliedern sich in 4 Gegenstands- bzw. Aufgabenbereiche, die von zentraler Bedeutung sind:
Lebensalter	von der Vorschulerziehung bis zur Erwachsenenpädagogik.
Institutionen	Familie, Kindergarten, Schulen, Heime, Einrichtungen für Aus-, Fort- und Weiterbildung im beruflichen Bereich usw.
Krisen/Problemfelder	zum Beispiel Migranten-Integration, Heim- oder Friedenserziehung.
Ziele	legen fest, worauf zugesteuert werden soll, z. B. Fertigkeiten (skills), Qualifikationen, Emanzipation, Mündigkeit, um nur einige Zieldimensionen anzusprechen.
Pädagogik: Arten	synonym → Erziehungswissenschaften.
Geisteswissenschaftliche Pädagogik	untersucht und analysiert Schriften von Pädagogen über Erziehung im historischen Zusammenhang, um daraus Kenntnisse für die Erziehungspraxis zu gewinnen.
• Hermeneutik	Bezeichnung für das Verfahren der Auslegung von Texten, die durch einfühlsames Verstehen für das eigene pädagogische Handeln nutzbar gemacht werden können.
Empirische Pädagogik	Empirische Forschungsmethoden (z. B. → Längs- und → Querschnittsuntersuchungen) bestimmen diese Richtung der Pädagogik und deren Anspruch, gültige, objektive und zuverlässige Aussagen zu erlangen. Beispiel: Zu einem bestimmten Thema (Forschungsvorhaben) werden Eltern befragt: „Welche Erziehungsstrafen haben Sie im letzten Monat eingesetzt?" Hierbei wird die „Erziehungswirklichkeit" von Eltern erforscht. Die gefundenen Ergebnisse werden quantitativ in Tabellen (Prozentangaben) erfasst, in einem Bericht erläutert und interpretiert.

Normative Pädagogik	setzt enge Zielvorstellungen und Verhaltensregeln entsprechend der zugrunde liegenden Weltanschauung, Religion oder politischen Lehrmeinung. Beispielsweise vermittelt sozialistische Erziehung ab dem Krippenalter u. a., dass die Interessen des Kollektivs über denen des Einzelnen stehen; demokratische Erziehung heißt hingegen Mitbestimmung und Mitverantwortung ab dem Kindergarteneintritt einzuüben.
• Werte	Richtlinien, erstrebenswerte Ideale, um gesellschaftliche Zielvorstellungen oder solche von Interessengruppe (Kirchen, Gewerkschaften, Parteien, Verbänden) zu verwirklichen, z. B. soziale Werte wie Toleranz und Solidarität oder ästhetische Werte wie Schönheit, Farben, Formen. In einer von Interessengegensätzen geprägten pluralistischen Gesellschaft wirken viele Werte parallel nebeneinander oder widersprechen sich auch.
Emanzipatorische Pädagogik	lat.: emanzipatio. Die emanzipatorische Pädagogik orientierte sich Ende der 60er Jahre an der kritischen Theorie der Frankfurter Schule (ADORNO, HABERMAS) mit dem wichtigsten Ziel der Mündigkeit als Voraussetzung einer Demokratisierung der Gesellschaft und ihrer Mitglieder. Hervorzuheben sind u. a. Frauenemanzipation, Emanzipation der Arbeiter und der Einfluss auf die Erziehungswissenschaften generell sowie die → antiautoritäre Erziehung.
Antiautoritäre Erziehung	griech.: anti = gegen; auctoritas = Glaubwürdigkeit, Vorbild. Umsetzung der Theorien der → emanzipatorischen Pädagogik in der Erziehung generell und in Kinderläden ab dem Ende der 60er Jahre. Stellte die Machtverhältnisse in Familie, Kindergarten, Schule usw. in Frage.
• tiefenpsychologische Richtung	Grundannahme: Abhängigkeiten werden überwunden durch angstfreies Ausleben aller kindlichen Bedürfnisse. Annahme, dass das Kind sich selbst reguliert und dadurch eine starke Persönlichkeit entwickelt. Dieser Erziehungsstil wurde als → laissez-faire bezeichnet.
• politische Richtung	Ziel: Die Überwindung des Individualismus und der Autoritätshörigkeit, um anstelle des Kapitalismus eine bessere (sozialistische) Gesellschaft aufzubauen.

Sozialpädagogik — eher anwendungsbezogene als wissenschaftliche Richtung der Pädagogik. In der Mitte des 19. Jahrhunderts entstanden als Antwort auf soziale und pädagogische Notlagen meist von Kindern und Jugendlichen während der Industrialisierung. Dieser Nothilfecharakter mit seinem „Armeleutegeruch" nagt noch heute am Image der Sozialpädagogik.

Dabei verstehen sich die Sozialpädagogen in der Gegenwartsgesellschaft, gestärkt durch zahlreiche gesetzliche Regelungen (z. B. KJHG, BSHG), als „Dienstleister", die vorbeugend, beratend, therapeutisch, jedoch nach wie vor fürsorgerisch Menschen (Klienten) aller Altersgruppen bei der Bewältigung ihrer Lebensanforderungen (zeitweise) unterstützen.

Pädagoge — griech.: für Knabenführer. In Griechenland ursprünglich Sklave, der Kinder (Jungen) beaufsichtigt und unterrichtet; heute Bezeichnung für Absolventen der Fach- bzw. Hochschulen, die im schulischen und außerschulischen Bereich mit unterschiedlichen Schwerpunkten betreuen, erziehen, bilden, beurteilen und unterrichten.

Nachbarwissenschaften — Wissenschaften mit gemeinsamen Themen: u. a. Psychologie, Philosophie, Sozialgeschichte, Biochemie/Genetik und Kommunikationswissenschaften. Sie liefern unverzichtbare Erkenntnisse und Forschungsergebnisse für Theorie und Praxis der Erziehung.

Psychologie — griech.: psyche = Seele; Lehre vom inneren Erleben und dem Verhalten des Menschen. Psychologie geht vom Individuum aus – wie entwickelt sich der Mensch, wie lernt er, welche Hoffnungen, Ziele und Pläne der Selbstverwirklichung hat er? Für Erzieher sind insbesondere die Teilgebiete Entwicklungspsychologie, Lernpsychologie, Wahrnehmungspsychologie und pädagogische Psychologie berufsrelevant.

Soziologie — lat.: socialis = gesellschaftlich; geht von der Gruppe, ihren Formen und Strukturen im menschlichen Zusammenleben aus.

Für die Pädagogik sind Erkenntnisse der Soziologie über das soziale Handeln in Gruppen, über soziale Systeme (z. B. Kindergarten, Schule) oder verschiedene Altersstufen wie Kindheit und Jugendalter bedeutsam.

Biochemie/Genetik	Lehre von den chemischen Prozessen in Lebewesen/ Vererbungslehre. Pädagogische Relevanz: Biochemie und Genetik erbringen gegenwärtig z. T. bahnbrechende Forschungsergebnisse insbesondere über das Gehirn, das Denken, das Lernen sowie über Erbkrankheiten → genetische Beratungsstelle.
Philosophie	griech.: sophia = Weisheit. Streben nach Erkenntnis und Wahrheit, nach dem Sinn des Lebens, der Wesensart von Lebewesen, Dingen und Ideen sowie der Stellung des Menschen in der Welt. Pädagogische Relevanz: z. B. die Frage nach dem Sinn der Erziehung: Dient sie vorrangig der individuellen Menschwerdung oder dem Interesse der Gemeinschaft, dass der Einzelne in diese eingefügt wird? Auch: → Menschenbild, → Erziehungsziele.

Kategorie: **Anthropologie, Sozialisation, Erziehung**

Anthropologie	Wissenschaft vom Menschen
Pädagogische Anthropologie	Die nähere Spezifizierung „pädagogisch" bezieht sich auf ein Teilgebiet der Anthropologie: Der Mensch ist erziehungsbedürftig, aber auch erziehungsfähig.
Erziehungsbedürftigkeit	Ein Kind braucht Pflege, emotionale Zuwendung, Lernanregung usw.
Erziehungsfähigkeit	begründet sich im Wesentlichen durch hohe Lernfähigkeit → Intelligenz und einsichtiges, planendes Handeln
Menschenbild: Das Kind	Im Wesentlichen gibt es vier verschiedene Grundannahmen:
– ist grundsätzlich gut und lernbereit	1. Nach ROUSSEAU strebt das Kind von sich aus nach Erkenntnis und Wahrheit und ist grundsätzlich gut. Erzieher sollten die Umwelt so gestalten, dass das Gute sich entwickeln kann (natürliche Erziehung, beeinflusste sehr stark die Vertreter der → kindzentrierten Ansätze).
– ist aktiver Wissenschaftler	2. PIAGET sieht das Kind als aktiven Wissenschaftler, der über Erfahrungen eigenaktiv zu immer komplexeren Strukturen des Denkens gelangt (→ Denkentwicklung). PIAGET beeinflusste die kindzentrierte Pädagogik mit der Devise: Das Kind als Akteur seiner Entwicklung (→ autogene Faktoren).
– sozialisiert sich selbst	3. Sozialisationstheoretische Vorstellungen; HURRELMANN u. a. gehen von der Eigen-Sozialisation des Kindes aus. Sie sehen eine Wechselwirkung zwischen der Eigenaktivität des Kindes (nach PIAGET) und den Anforderungen der Umwelt. Dieser Prozess dauert lebenslang.
– reift heran	4. Die menschliche Entwicklung (laufen-, denken-, sprechen lernen) verläuft in so genannten Phasen, relativ zeitgleich in allen Kulturen. Reifetheoretiker meinen, dass Erzieher die Potenziale eines Kindes nicht wesentlich beeinflussen können.

Sozialisation	Hineinwachsen des Einzelnen in die Gesellschaft
Enkulturation	Vermittlung von Verhaltensmustern entsprechend den gesellschaftlich gültigen Normen, Werte, Rollen und Traditionen.
Personalisation	individuelle Menschwerdung in der Gesellschaft, die sich im Denken, Fühlen, Wollen und Handeln des Einzelnen zeigt; durch Nutzung eines Gestaltungsrahmens, der den Einzelnen unverwechselbar macht.
primäre Sozialisation	frühkindliche Sozialisation im Elternhaus = familiäre Sozialisation.
sekundäre Sozialisation	schulische und berufliche Sozialisation
Sozialisationsinstanzen, Sozialisationsagenturen	gesellschaftliche Gruppe oder Institutionen, die sozialisieren, wie z. B. → Familie, Schule, Freizeitgruppen (peer-group, Sportverein).
Sozial	gemeinschaftsfähig
Sozialerziehung	1. Vermittlung von Gemeinschaftsfähigkeit wie Toleranz, Rücksichtnahme. 2. Eingliederung in eine Gruppe durch erzieherische Maßnahmen, die in unterschiedlichen Altersstufen (z. B. Vorschulalter, Pubertät) zur altersangemessenen sozialen Kompetenz führen.
Erziehung	bewusste, durch den Einsatz von Erziehungsmitteln absichtsvolle Handlungen, die es Kindern und Jugendlichen ermöglichen, in eine Gesellschaft hineinzuwachsen, mit dem Ziel, mündig und selbstständig zu sein. Erziehung wird verstanden als: • personales Verhältnis (z. B. Mutter – Kind, Erzieherin – Kind) • interaktives Verhältnis (z. B. → peer-group) • generationsbezogenes Verhältnis mehrerer Generationen zueinander (Eltern, Großeltern, Kind).
Erziehungsziel	bezieht sich auf das angestrebte Ergebnis: Ziel jeder Erziehung dürfte die Mündigkeit und Unabhängigkeit des zu Erziehenden sein.
Leitziel, Richtziel	Erziehungsziele sind eher globale Ziele, die einen erwarteten Rahmen oder auch ein Ideal formulieren (z. B. Verantwortungsbewusstsein), aber nicht ins Detail gehen.

	Erziehungsziele unterliegen dem gesellschaftlichen und geschichtlichen Wandel. Welcher Junge macht z. B. heute bei der Begrüßung noch einen Diener?
Kompetenz	lat.: competentia = Zusammentreffen, Zuständigkeit, auch Sachverstand, Fähigkeiten haben.
Kompetenzmodell	das Kompetenzmodell nach ROTH unterscheidet zwischen Ich-, Sozial- und Sach-Kompetenz.
Ich-Kompetenz	dazu gehört u. a. eigene Bedürfnisse, Gefühle, Interessen ausdrücken; Entscheidungen treffen, mit Enttäuschungen altersgemäß umgehen zu können.
Sozial-Kompetenz	Wahrnehmung anderer, Kontaktaufnahme, Empathie, Gruppenfähigkeit, Einsatz für die Gruppe und deren Bestand, Orientierung an Werten und Normen des Zusammenlebens.
Sach-Kompetenz	Sachwissen und Fähigkeiten haben; sachgerecht mit Materialien umgehen können; Abläufe beherrschen.
Erziehungstil nach LEWIN:	Verhaltensmuster, das ein Erzieher in der Regel bevorzugt. LEWIN unterscheidet zwischen drei Stilen: autokratisch, sozial-integrativ und laissez faire.
autokratischer Erziehungsstil	anordnend, kontrollierend, zurechtweisend
sozial-intergrativer Erziehungsstil	Erwartungen einsichtig machen, den Kindern Gestaltungsspielraum geben, ermutigen; Fehler oder Umwege werden als Lernanlass gesehen.
laissez faire-Erziehungsstil	frz: = lasst sie machen. Die Erzieherin ist nur anwesend, lässt Kinder ihre Bedürfnisse bzw. Tätigkeiten selbst regeln; animiert, lobt und bestraft nicht.
Dimensionsmodell	TAUSCH/TAUSCH empfehlen statt der starren, kategorialen Zuordnung der Erziehungsstile (LEWIN), sich eine Strecke zwischen zwei Punkten vorzustellen, um auch eine Feinzuordnung zu ermöglichen.
emotionale Dimension	zwischen Geringschätzung und Wertschätzung.
Lenkungsdimension	zwischen Anordnen und dem Gewähren von Freiheit.

Erziehungsmittel, Erziehungsmaßnahmen	das bewusste pädagogische Handeln, um eine erzieherische Wirkung zu erreichen.
unterstützende Erziehungsmittel	Ermutigung, Lob, Belohnung (positive Verstärker)
gegenwirkende Erziehungsmittel	Ermahnung, Tadel, Strafe (sollen künftig zur Vermeidung des unerwünschten Verhaltens führen).

Kategorie: **Gruppen, Rollen**

Gruppe	Von einer Gruppe wird gesprochen, wenn folgende Kriterien zutreffen: • mehr als 2 Personen • Zusammengehörigkeitsgefühl • häufige, direkte Kontakte miteinander (face to face-Beziehungen) • selbst aufgestellte Regeln • gemeinsames Ziel • gegenseitiges Beeinflussen
Aggregat	Menschenmenge, die zufällig zur gleichen Zeit am gleichen Ort ist, ohne Interaktion, ohne gemeinsame Ziele usw.
soziale Kategorie	Menschen mit einem oder mehreren gemeinsamen Merkmalen, die aber keinen direkten Kontakt miteinander haben (z.B. alle Nicht-Deutschen in einer Stadt).
Gruppenarten	
formelle Gruppe	eine Gruppenzusammensetzung, die durch eine Organisation vorgegeben wird, z.B. Schulklasse, Arbeitsteam usw., mit relativ klaren Zielen und Aufgaben, oft sogar schriftlich fixiert (z.B. Konzeptionen). Das Zusammengehörigkeitsgefühl ist begrenzt (z.B. für die Dauer der Schulstunden).
informelle Gruppe	spontanes Zusammenfinden, aus eigener Initiative, ohne schriftliche Regeln und Normen.
Primärgruppe	lat.: primarius = einer der ersten. Gruppe mit • überschaubarer Anzahl der Mitglieder (z.B. Familie), • regelmäßigen und direkten Kontakten, • engen emotionalen Beziehungen, • gegenseitigen Abhängigkeiten.
Sekundärgruppe	lat.: secundarius = der Reihe nach folgend. → Formelle Gruppe.

Stammgruppe	eine für eine begrenzte Zeit festgelegte Gruppenzusammensetzung mit konstanten Betreuern, wobei die Stammgruppe nur einen kleinen Teil des Tages verbindlich miteinander verbringt, insbesondere in Einrichtungen mit offenem Konzept.
homogene Gruppe	Gruppenmitglieder haben Gemeinsamkeiten, z. B. Alter, Herkunft usw.
heterogene Gruppe	Gruppenmitglieder unterscheiden sich in wesentlichen Punkten, z. B. dem Alter.
Untergruppen	bilden sich automatisch innerhalb einer formellen größeren Gruppe. Sie bestehen aus 3 oder mehr Personen → Merkmale von Gruppen.
gruppenübergreifend	Angebote und Aufgaben, die über die Stammgruppe hinausgehen.
Rolle	Verhaltenserwartungen, die an den Träger einer Position gerichtet werden (z. B. Erwartung an einen Erzieher: Einfühlungsvermögen). In der Alltagssprache werden Rolle und Position gleich gebraucht.
formelle Rolle	aufgrund einer Position: als Leiterin, als Lehrer usw.
informelle Rolle	entsteht eigendynamisch: als Motzer, Motivierer, Pragmatiker, Sündenbock usw.
Sachführer	überzeugt vor allem durch Sachautorität.
sozialer Führer	hat vor allem Verhandlungsgeschick, kann motivieren.
Außenseiter	geduldetes, aber nicht integriertes Gruppenmitglied am Rande des Geschehens.
Ausgestoßener, Abgelehnter	Einzelne oder ganze Gruppen werden aufgrund eines Merkmals oder ohne ersichtlichen Grund von den anderen im Alltag bzw. im → Soziogramm abgelehnt.
Vergessener	wird im Alltag nicht beachtet bzw. im Soziogramm nicht genannt.
dysfunktionale Rolle	Verhaltensweisen, die die Gruppendynamik negativ beeinflussen (aggressives Verhalten, Blockieren, Rivalisieren, Nörgeln usw.)
funktionale Rolle	Verhaltensweisen, die die Gruppendynamik positiv beeinflussen, z. B. Verhandlungsgeschick.

Rollenfixierung	Person wird auf eine Rolle festgelegt oder erlegt sich diese selbst auf, z. B. als „schwarzes Schaf".
Rollendifferenzierung	jedes Mitglied bringt sein Können in die Gruppe ein, wobei die Unterschiede keinen Einfluss mehr auf den Status haben, vor allem in der 4. Phase des → Gruppenprozesses.
Rollenset	ein Bündel von unterschiedlichen formellen Rollen, die der Einzelne hat z. B. als Ehefrau, Mutter, Kollegin, Nachbarin, Stadträtin usw.
Rollenkonflikt	• Intrarollenkonflikt: Konflikt einer Person, die widersprüchliche Erwartungen innerhalb einer Rolle spürt (z. B. Erzieherrolle: besonderes Einfühlungsvermögen haben und sich gleichzeitig durchsetzen können). • Interrollenkonflikt: Konflikt einer Person, die in zwei Rollen widersprüchliche Erwartungen spürt z. B. als Kaufmann Profit machen, als Christ wohltätig sein.
Position	Platz, den eine Person innerhalb einer Gruppe bzw. der Gesellschaft einnimmt, z. B. als Mutter, als Erzieherin, als Tochter.
Status	Ansehen, das der Träger einer Position genießt (Wertschätzung).
gruppenerhaltende Kräfte	Maßnahmen, die die Gruppenmitglieder selbst einsetzen, um die Gruppe zu stabilisieren.
Gruppennormen	Regeln – geschriebene oder ungeschriebene Übereinstimmungen darüber, was in der Gruppe als richtig oder falsch gilt.
Wir-Bewusstsein	positives Gefühl der Zusammengehörigkeit mit gemeinsamen Zielen und Regeln. Abgrenzung von den nicht zur Gruppe gehörenden Personen.
Konformität	Übereinstimmung des Denkens und Verhaltens einzelner mit dem der anderen Gruppenmitglieder; bezieht sich auf äußere Merkmale wie Kleidung oder Einstellungen z. B. über Ausländer, Politik, Musikstile.
Gruppenzwang, Gruppendruck	Nach MILGRAM teilt der Ranghöchste in einer Gruppe den anderen Macht zu, die diese gehorsam ausüben (im Laborversuch bis hin zur Tötung). Die Gruppenmeinung oder die des Ranghöchsten bringt den Einzelnen gegebenenfalls dazu, etwas zu tun, was er

eigentlich nicht will. Er ordnet sich unter. Dabei spielt es keine Rolle, ob er einem aktiv ausgeübten Druck erliegt, oder ob er denkt, die Gruppe würde das von ihm erwarten.

Sanktion

lat.: sanctio = Heiligung, Billigung, Strafandrohung. Soziologisch gesehen:
1. Positive oder negative Reaktion auf ein bestimmtes Verhalten.
2. Maßnahme zur Erzwingung eines bestimmten Verhaltens

Gruppendynamik

1. Kräfte, die in einer Gruppe wirken und zu einer Veränderung führen.
2. Veränderungsprozess als solcher.

sozialer Effekt

Wirkung der → Interaktion, der gegenseitigen Beeinflussung des Sozialverhaltens innerhalb einer Gruppe, egal, ob dies positiv oder negativ, gewollt oder nicht gewollt ist.

Interaktion

Wechselbeziehung zwischen Gruppenmitgliedern. Beeinflussung von Einstellungen, Verhalten, Handeln. Die Gruppenmitglieder orientieren sich an Rollenvorstellungen, Erwartungen, Normen und Situationen, sie agieren und reagieren.

Koalition

enger Zusammenschluss von zwei oder mehr Gruppenmitgliedern, um in der Gruppe etwas durchzusetzen.

Gruppenprozess

verläuft in Phasen. Nach Bernstein/Lowy:
1. Fremdheitsphase
2. Orientierungsphase
3. Vertrautheitsphase
4. Differenzierungsphase
5. Ablösephase

Gruppenfähigkeit

bedeutet
- sich einer Gruppe zugehörig zu fühlen,
- mit den anderen Gruppenmitgliedern zu kommunizieren,
- bestimmte Regeln einzuhalten,
- Bedürfnisse anderer zu akzeptieren,
- Aufgaben zu übernehmen,
- das Gruppenleben mitzugestalten,
- Konflikte altersentsprechend zu lösen.

Konfliktfähigkeit

Fähigkeit, Konflikte zu erkennen, sich mit ihnen auseinanderzusetzen und sozial verträgliche Verhaltensvarianten zu suchen und zu finden.

Gruppenpädagogik

1. Theorie der Erziehung in Gruppen
2. Begleitung von Gruppen und einzelnen Gruppenmitgliedern in den verschiedenen Phasen des → Gruppenprozesses.

Soziomatrix, Soziometrie

lat.: socius = Teilnehmer; griech.: metria = Messung. Schriftliches bzw. tabellarisches Erfassen (quantitativ) von positiven und negative Wahlen der Gruppenmitglieder untereinander (MORENO)

Soziogramm

graphische Darstellung sozialer Beziehungen in Gruppen, die mit einer → Soziomatrix erfasst wurden. Im Soziogramm werden standardisierte Zeichen (Pfeile) benutzt.

Zweck des Soziogramms: Untergruppen bzw. Beliebtheit oder Ablehnung Einzelner herausfinden.

Kinderkonferenz

demokratisches Instrumentarium, um Gruppeninterna zu besprechen, Kritik zu äußern, Forderungen zur Diskussion zu stellen und Absprachen und Regeln zur Abstimmung zu bringen.

Helfersystem

Gruppenneulinge erhalten einen festen Mentor oder Partner, der sie in den Alltag und die Besonderheiten des Gruppenlebens einführt. Diese Methode kann bereits ab dem Kindergartenalter angewandt werden.

Gruppentherapie

nutzt, im Unterschied zur Einzeltherapie, die Gruppe und deren Eigendynamik als psychotherapeutisches Mittel, z.B. im Psychodrama nach MORENO.

Kategorie: **Bildung, Didaktik, Planungskonzepte**

Bildung

Bildung bezeichnet
- den Vorgang: der Mensch bildet sich bzw. wird gebildet
- den Zustand: der Mensch hat Bildung
- die Sache: z. B. Allgemeinbildung oder klassische, literarische Bildung usw.: Wissen, Erkenntnisse, Fähigkeiten, Fertigkeiten und Haltungen, abhängig von dem, was die Gesellschaft als Bildung ansieht.
- Bildung als Totales (das Wissen, Handeln und Fühlen des Menschen) oder als Partielles (z. B. Fachbildung, Erwachsenenbildung).

Weltwissen eines Kindes

ELSCHENBROICH versteht darunter Erlebniswissen bestehend aus Fakten, Eindrücken, Erinnerungen, Zweifeln und Fragen bezüglich dem, was das Kind umgibt (Reales und Vorstellbares). Als Bildungserlebnis bezeichnet sie z. B. „einmal eine Nachtwanderung gemacht zu haben“ oder „Ereignisse aus der Familiengeschichte zu kennen“.

Nationaler Bildungsplan für den Kindergarten

Ein künftiger, nationaler Bildungsplan soll nach FTHENAKIS u. a. beinhalten bzw. fordern:
- Entwicklungsförderung
- lernmethodische Kompetenzen bzw. Lerntechniken
- Einstiegswissen und Umgang mit Wissen und Medien (selektieren, hinterfragen usw.)
- als Methode: lebensnahes, ganzheitliches Lernen mit allen Sinnen und in sozialen Bezügen, projektorientiert und mit der Möglichkeit der Selbststeuerung durch das Kind.

Rahmenplan für den Kindergarten

enthält den Auftrag des Kindergartens, Ausführungen über das Wesen des Kindes, Leitziele für die Erziehung, Darstellung und Begründung von Lernfeldern und gibt vielfältige praktische Anregungen, schreibt aber weder die Inhalte noch den Umfang der Themen vor. Ein Rahmenplan muss vor Ort gemäß den Gegebenheiten konkretisiert werden. Beispielsweise hat Baden-Württemberg einen Rahmenplan für den Kindergarten: *Lebensraum Kindergarten,* 1981.

Didaktik	griech.: didaskein = lehren. Theorie des Lehrens und Lernens.
Didaktische Analyse	Auswahl und Begründung eines konkreten pädagogischen Vorhabens.
Didaktisches Modell	veranschaulicht Elemente des Unterrichts wie Bildungswert, Voraussetzungen der Kinder, Methoden usw. Unterschiedliche Modelle behandeln nicht gänzlich andere Punkte, sondern stellen einzelne Aspekte in den Mittelpunkt. Didaktische Modelle sind Grundlage von verschiedenen → Planungskonzepten, und sie dienen der Reflexion organisierten Lernens.
Bildungstheoretisches Modell	beachtet insbesondere den Bildungswert eines Themas, z. B. Bedeutung von Märchen für das Vorschulkind.
Lerntheoretisches Modell	es zeigt die Wechselwirkung zwischen Lernvoraussetzungen der Lernenden, Absicht, Themenauswahl, Methoden und Materialien.
Curriculares Modell	lat.: curriculum = Lauf, Kreislauf. Mehrzahl: Curricula. Das curriculare Modell fordert deutliche inhaltliche Festlegungen und eine Zielformulierung solcherart, dass deren Erreichung überprüft werden kann. In den 70er Jahren wurden Curricula erstmals für den Kindergarten erstellt: *Curriculum: Soziales Lernen oder Der Übergang vom Kindergarten zur Grundschule* 1973 (Bayern).
Lerntheoretisches Planungskonzept	fordert u.a. die Auseinandersetzung mit den anthropogenen und soziokulturellen Voraussetzungen bezogen auf das konkrete Thema, z.B. bei einem Projekt zur Naturbegegnung oder einer Festvorbereitung.
Anthropogene Voraussetzungen	individuelle Voraussetzungen des Kindes bzw. Jugendlichen im Hinblick auf das pädagogische Vorhaben: Bedürfnisse, Motive, Denkfähigkeit, Vorerfahrung, Fähigkeiten, Einstellungen und Fertigkeiten, auch unter Beachtung des Entwicklungsniveaus und der Herkunft des Lernenden.

Soziokulturelle Voraussetzungen	1. Zielvorgaben des Trägers und institutionelle Rahmenbedingungen, z. B. Raumsituation. 2. Gesellschaftliche Erwartungen, z. B. sollen Kinder die Gegenwart und die nahe Zukunft bewältigen lernen. 3. Lokale Gegebenheiten, z. B. Infrastruktur der Gemeinde, Traditionen.
Lehr- und Lernformen	eher vom Erzieher organisierte kleine Lernschritte, der Erzieher lenkt überwiegend; Lernorganisation und Lernziele haben einen relativ hohen Stellenwert.
Ziele	möglichst → operationalisierte → Grob- und Feinziele, → Ergebnisziele
Zusammenhang mit pädagogischen Ansätzen im Kindergarten	u. a.: → Funktionsorientierter Ansatz, → Wissenschaftsorientierter Ansatz. Ein lerntheoretisches Planungskonzept kann auch Prinzipien des erfahrungsbezogenen und des handlungsorientierten Konzepts beachten.
Erfahrungsbezogenes Planungskonzept	im Mittelpunkt steht das Kind mit seinen Erlebnissen. Diese werden aufgegriffen, bewusst gemacht; die Verarbeitung wird unterstützt mit allen Sinnen und in symbolischer Form (Malen, szenisches Spiel). Kinder kommen so zu Erkenntnissen und Haltungen (= Einstellungen und Ausdrucksmöglichkeiten nach SCHELLER, 1986). Diese werden am Ende des Abschnitts präsentiert. Ein Prinzip ist Ganzheitlichkeit.
Ganzheitlichkeit, ganzheitliches Lernen	1. Sich mit einer Sache als Ganzem befassen, nicht nur mit einem Detail. 2. Das Kind als Ganzes sehen, das sich mit Verstand, Gefühl und Körper einer Sache zuwendet = Lernen mit Kopf, Herz und Hand (Grundsatz seit PESTALOZZI).
Lernformen	eher aktiv handelnde Lernformen, insbesondere das → Projekt.
Lernen im Sinnzusammenhang	Lernen in der realen Situation: z. B. Zähne putzen nach dem Essen und im Bad, statt eine Trockenübung im Gruppenraum durchzuführen.
Ziele	→ Prozessziele sind in diesem Zusammenhang wichtiger als → Ergebnisziele.
Zusammenhang mit pädagogischen Ansätzen im Kindergarten	u. a.: → Situationsorientierter Ansatz, → Freinet Pädagogik, → Multikultureller Ansatz.

Handlungsorientiertes Planungskonzept	im Mittelpunkt steht das handelnde Kind. Grundannahmen: • Kinder lernen gern, freiwillig und selbstständig (pädagogischer Optimismus). • Selbstaktives Lernen spricht den ganzen Menschen an: Verstand, Gefühl und Körper. • Menschen identifizieren sich am ehesten mit selbst Erarbeitetem. • Lernen ist immer ganzheitlich und schließt soziales Lernen mit ein. → Menschenbild vom Kind
Lernformen	aktiv handelnd, eher → arbeitsteilig, → Projekt, → entdeckendes Lernen, → Lernen im Sinnzusammenhang.
entdeckendes Lernen	aktiv forschende Auseinandersetzung mit einer Sache, einem Problem. Anforderungen an die Erzieherinnen: • Vorbereitete Umgebung schaffen und Arbeitsmaterialien passgenau organisieren. • Das eigene Erwachsenenwissen zurückhalten. Das ermöglicht bei den Kindern originelle Lösungen, allerdings auch Fehlschläge.
Öffnung der Einrichtung	nach innen (Menschen, Experten hereinholen) und nach außen (Teilhabe an den Einrichtungen der Gesellschaft), Präsentation der eigenen Arbeit.
vorbereitete Umgebung	bewusste Raum- und Materialvorbereitung, durch die das Kind selbstständig zum handelnden Lernen kommen kann.
pädagogisches Arrangement	ausgelegte Materialien zum selbstbestimmten Benutzen, passend zum Thema der Gruppe bzw. zum spezifischen Interesse der Kinder.
Ziele	→ Prozessziele haben ebenso Bedeutung wie → Ergebnisziele. Bei den Ergebniszielen muss die Selbststeuerung des Kindes beachtet werden.
Zusammenhang mit pädagogischen Ansätzen im Kindergarten	unter anderem: → situationsorientierter Ansatz, → Freinet-Pädagogik, → Montessori-Pädagogik, → Waldorf-Pädagogik.

Formen organisiertes Lernens

Angebot	bewusst ausgewähltes, von den Erzieherinnen angeleitetes Tun, das genutzt werden kann oder nicht, z. B. Plätzchen backen im Freispiel.
Beschäftigung	Früher: Begriff für mehr oder weniger geplantes Tun mit Kindern, z. B. Basteln. Seit dem Strukturplan für das Bildungswesen ist der Begriff eher verpönt, da das Tun mit Kindern allzu oft wirklich nur Beschäftigung war – zwar mit gewissen Werten, aber ohne Ziel.
gezielte Aktivität	vorstrukturiertes, pädagogisches Vorhaben mit einer gewissen Verbindlichkeit für eine bestimmte Zielgruppe, z. B. zur Entwicklungsförderung.
didaktische Einheit	vorstrukturiertes pädagogisches Vorhaben über einen längeren Zeitraum: Angebotsreihe, Arbeitsgemeinschaft, Förderprogramm, Projekt.
Projekt	lat.: proiektum = das nach vorne Geworfene. Die typische Methode des erfahrungsbezogenen Planungskonzeptes. In Absprache mit der Zielgruppe wird ein Vorhaben beschlossen und geplant, z. B. einen Videofilm zu drehen, ein Theaterstück einzustudieren.
Methodik, Methoden	griech.: Kunst des planmäßigen Vorgehens. Gesamtheit der anzuwendenden Lehr- und Lernformen, der Verlaufsplanung, der Arbeitsmittel und Medien (Anschauungsmaterial).
Teilschritte	Aufgliederung eines pädagogischen Vorhabens in kleine Denk- oder Handlungsschritte: 1. Motivation 2. Vormachen 3. Aufforderung zur Nachahmung 4. Übung 5. Anwendung (z. B. Verkehrserziehung: Straße überqueren) oder 1. Problem darlegen 2. Lösungsvermutung erarbeiten 3. Umsetzung 4. Abschließende Einschätzung der Umsetzung, z. B. des Konfliktlösungsverhaltens

Motivation	hier: Die Anfangsphase einer Aktivität, um über Aufmerksamkeitslenkung möglichst die → intrinsische Motivation zu wecken.
Variabilität	1. Möglichkeit einplanen, dass das Kind den Verlauf eines Lernprozesses mitdenken bzw. mitsteuern kann. 2. Möglichkeit, das zu Erlernende auch in anderen Situationen anzuwenden.

Lernformen

deduktiv	vom Allgemeinen zum Einzelnen, z.B. eine Grammatikregel bei einer Reihe von Aufgaben anwenden.
induktiv	vom Einzelnen zum Allgemeinen, z.B. Fachschüler sollen drei Elterngespräche vergleichen und gesprächsfördernde Regeln ableiten.
direkt	darbietend, vorzeigend, erörternd, fragend-erarbeitend.
indirekt	durch eine vorbereitete Umgebung und vorbereitetes Material, durch ein Helfersystem, durch Medien.
erarbeitendes Verfahren	fragend-entwickelnde Methode, um Themen gemeinsam zu erörtern und Einstellungen langsam und im Dialog aufzubauen, z. B. zur Sozialerziehung, zur Umwelt. Häufig auch bei Bilderbuchbetrachtungen benutzt.
darbietendes Verfahren	Inhalt und Ablauf gehen ganz von den Erzieherinnen aus, z.B. Märchen erzählen, Entspannungsübungen, Handpuppenvorführung.
Demonstration	Die Erzieherin zeigt einen Ablauf Schritt für Schritt und erklärt, worauf zu achten ist (z.B. Falten von Papier).
Probedurchgang	Eine Technik bzw. ein Vorgang wird an einem Beispiel erarbeitet. Dabei wird der jeweils nächste Schritt erörtert und von einem der Kinder durchgeführt, bis der Vorgang fertig ist. Diese Methode eignet sich für Werkstücke bzw. Vorgänge mit ca. 3–5 Arbeitsschritten, auch abhängig vom Alter der Kinder.
Materialien	Anschauungsmaterial, vorbereitete Arbeitsblätter, Werkzeug, Arbeitsgeräte, Zutaten, Farben usw.
Medien	Video, Dias, Kassetten, Bilder, Anschauungsmaterialien usw.

Anschaulichkeit	Ein Thema wird durch einen Gegenstand, eine Abbildung, ein inneres Bild verdeutlicht.
Sozialformen	Gesellungsform: Einzelarbeit, Partnerarbeit, Kleingruppenaktivität, Gruppenarbeit, Gesamtgruppenaktivität.
arbeitsteilig	Die Kinder verrichten allein oder jeweils zu zweit eine Teilaufgabe, z. B. Bananen schneiden, während die anderen eine andere Teilaufgabe ausführen, z. B. Quark anrühren.
arbeitsgleich	Alle führen denselben Auftrag zeitgleich aus, z. B. Falten von Papier, jeder Faltgang wird von allen Kindern durchgeführt.
differenzierte Gruppenarbeit	Pädagogisches Vorhaben entsprechend dem Bedarf einer bestimmten Zielgruppe: z. B. Vorbereitung auf den Übergang vom Kindergarten in die Schule.
Lehr- und Lernziele	Ergebnisse, die man erreichen möchte.
Lernziel	wird aus der Position des Kindes formuliert und ist konkret; z. B. „die Kinder sollen erkennen, dass Kompostierung eine energiefreie Rückgewinnung von Rohstoffen ist". Lernziele können vom → Kompetenzmodell (ROTH) abgeleitet werden, z. B. das vorgenannte Ziel = Sachkompetenz.
Lehrziel	wird aus der Position des Erziehers bzw. Lehrers formuliert und ist eher global, z. B. „ich möchte das Umweltbewusstsein der Kinder wecken".
Grobziel	relativ konkretes Ziel, auf den Teilbereich einer Aktivität, einer didaktischen Einheit bezogen, z. B.: „Die Kinder sollen den Faschingsumzug als Teil des lokalen und jahreszeitlichen Brauchtums kennenlernen".
Feinziel	sehr konkret, auf eine psychische Funktion bzw. einen Persönlichkeitsbereich bezogen: eine Erkenntnis, eine Fähigkeit, eine Fertigkeit, die gewonnen werden soll, z. B.: „Die Kinder sollen erkennen, dass die schrillen Gestalten des Faschingsumzugs in Wirklichkeit Menschen mit Masken sind".
Ergebnisziel	Erkenntnis, Fähigkeit, Fertigkeit, Einstellung, die letztendlich vorhanden sein soll, z. B.: „Die Kinder sollen am Ende der Aktivität eine Schleife binden können oder die ersten Schritte dazu beherrschen".
Erkenntnisziel	geht über das Grundlagenwissen hinaus: z. B. Zusammenhänge erkennen, d. h. eine Ursache, Folge,

	Gemeinsamkeit, einen Unterschied erkennen oder etwas aus verschiedenen Perspektiven betrachten können, z. B.: „Die Kinder sollen erkennen, dass die Natur uns von Nutzen ist, wir der Natur gegenüber aber auch verpflichtet sind".
Einstellungsziel	bezieht sich auf gesellschaftliche, moralische, persönliche Werte und Ideale, z. B. Erkenntnis, dass Freundschaft ein Geben und Nehmen erfordert.
Fähigkeitsziel	bezieht sich auf: • allgemeine kognitive Fähigkeiten: bewusste Wahrnehmung, Merkfähigkeit, Konzentration, in Zusammenhängen denken können usw. • kommunikative Fähigkeiten: zuhören, sich ausdrücken können, Regeln der Gesprächsführung einhalten usw.
Fertigkeitsziel	bezieht sich auf: • Beherrschung von Abläufen (Routine), z. B. sich vollständig anziehen können. • Grob- und Feinmotorik, z. B. schneiden können.
operationalisierte Lernziele	Das Ziel muss so formuliert sein, dass • das Erreichen des Ziels als Verhaltensäußerung beobachtbar ist, • die Bedingung genannt wird, unter der die beabsichtigte Verhaltensäußerung auftreten soll, • der Bewertungsmaßstab genannt ist (z. B. 3 von 6 möglichen Merkmalen nennen).
Prozessziel	• rückt den Vorgang in den Vordergrund, nicht das Ergebnis. • erachtet Sachziele als gleichrangig den Zielen bezüglich der Zusammenarbeit im Team: z. B. Entscheidungsfindung, Absprachen treffen und einhalten.
Reflexion	lat.: animum reflectere = seine Gedanken auf etwas hinwenden. Rückbesinnung, z. B.: Ablauf eines Angebots rekonstruieren, Auffälligkeiten isolieren, Auslöser suchen im Kind, in der Situation, in der eigenen Person, Handlungsvariante entwerfen.

Kategorie: **Pädagogische Ansätze**

Pädagogischer Ansatz

Ansatz: Beginn, erstes Anzeichen. Theoretisches, richtungweisendes, schriftlich fixiertes Modell für die Arbeit in einem größeren sozialpädagogischen Feld (z. B. Kindergartenpädagogik) im Gegensatz zum didaktischen Modell im schulischen Bereich. Ein pädagogischer Ansatz

- bevorzugt ein bestimmtes Menschenbild und das dazu passende Bündel von Prinzipien der pädagogischen Arbeit (Leitziel, Erziehungsziele, Stellenwert des Lernens, Methoden und Lernmaterial, Rolle und Aufgaben des Erziehers); er folgt auch einem bestimmten → didaktischen Modell;
- ist überregional verbreitet.

Grundsätzlich argumentieren alle Ansätze mit einer pädagogischen Verantwortung und haben weitgehend den Anspruch, das Kind als Ausgangs- und Mittelpunkt des pädagogischen Geschehens zu sehen, d.h. kindzentriert zu arbeiten.

Manche pädagogischen Ansätze beachten auch Grundsätze anderer Richtungen, so haben im situationsorientierten Ansatz auch durchaus Entwicklungsthemen ihren Platz (→ entwicklungspsychologische Ansätze).

Konzept

lat.: conceptus = Zusammenfassung, schriftlicher Entwurf

Konzeption

schriftliche Selbstdarstellung einer konkreten sozialpädagogischen Einrichtung. In der Konzeption verpflichtet sich das Team zu einem bestimmten → pädagogischen Ansatz sowie dazu, den Zielvorstellungen des Trägers zu entsprechen.

Beides wird konkretisiert auf die Gegebenheiten vor Ort: So enthält die Konzeption auch Angaben zu den → soziokulturellen Bedingungen, zur Zielgruppe, zu Schwerpunkten der Arbeit, zu Methoden und der Rolle der Erzieherin.

Kindzentrierte Ansätze

sehen das Kind als grundsätzlich kompetentes Wesen, das sich eigeninitiativ und handelnd durch Selbststeuerung und Reife weiterentwickelt. In der Tendenz wird eher das einzelne Kind gesehen als die Gruppe und das Recht des Kindes auf die Gegenwart. Sachziele werden eher nicht formuliert (was Kinder über die Welt wissen sollten). Gelenktes Lernen hat einen geringen Stellenwert.

Aufgaben und Rolle der Erzieherin: gute Rahmenbedingungen schafffen, Impulse und Hilfestellungen bei Konflikten geben, begleiten, moderieren (Sorge dafür tragen, dass jeder zu Wort kommt).

Situationsorientierter Ansatz

in diesem → kindzentrierten Ansatz hat der Begriff „Situation" eine Schlüsselfunktion:

Der Kindergarten, das soziale Umfeld, Ereignisse und Erlebnisse der Kinder werden als ganzheitlich zu bearbeitende Lernsituation verstanden (auch Gemeinwesenorientierung = Öffnung zur Gemeinde hin).

Der situationsorientierte Ansatz entstand als gemeinsames Projekt des → Deutschen Jugendinstitutes (DJI) und Praktikern aus der Unzufriedenheit mit dem → funktionsorientierten und → wissenschaftsorientierten Ansatz in den 70er Jahren. Der situationsorientierte Ansatz ist in verschiedenen Varianten ein bundesweit praktizierter Ansatz.

Kritikpunkte sind u. a.:

- Idealisierung der Kindheit und der Selbststeuerung, bereits vorhandene Entwicklungsprobleme der Kinder werden fortgeschrieben.
- Eine gewisse Bildungsfeindlichkeit; weniger in der Absicht des Ansatzes als in der Umsetzung vor Ort.

Offener Kindergarten

besondere Akzentsetzung:

- Offenes Raumkonzept: offene Türen, Funktionsräume statt -ecken, Bewegungsraum bzw. Bewegungsbaustelle.
- Offene Gruppen: Auflösung der traditionellen Bezugsgruppe zugunsten spontaner Kleingruppenbildung und gruppenübergreifender Aktionen.
- Die Erzieherin ist vorrangig Begleiterin, Moderatorin; organisiertes Lernen wird eher abgelehnt.

wurde seit Beginn der 80er Jahre insbesondere in Tageseinrichtungen wegen der langen täglichen Verweildauer der Kinder und deren starken Bewegungsdranges entwickelt; wesentlicher Verfechter ist REGEL; das → Deutsche Jugendinstitut hat entsprechende Umwandlungsprojekte begleitet, dokumentiert und damit zur Verbreitung beigetragen (Projekt: Orte für Kinder).

Kritikpunkte sind u.a.:

- Bindungsprozesse werden erschwert, Sicherheit und Orientierung fehlen.
- Gruppenfähigkeit wird zu einem Zufallsprodukt.
- Entwicklungsprobleme der Kinder werden zu wenig erkannt.

Ansätze mit einem Programm im Namen

Ansätze, die Ziele und Themen formulieren, wobei der Zukunftsaspekt (pädagogische Verantwortung) eine größere Rolle spielt als in kindzentrierten Ansätzen. Anregungen und gelenktes Lernen haben einen gewissen, aber nicht dominanten Stellenwert.

Multikultureller Ansatz

besondere Akzentsetzung:

Programm: andere Kulturen kennen lernen, Gemeinwesenorientierung, z.B. bei hohem Ausländeranteil in der Gemeinde, ggf. → bilinguale Erziehung.

Leitziele wie: Fremdheitsgefühle abbauen, kulturelle Identität (auch der Nichtdeutschen) stärken, Toleranz und Solidarität einüben.

Freinet-Pädagogik

ursprünglich von FREINET für den Unterricht von 5–9-jährigen entwickelt, inzwischen auch den Erfordernissen von Kindertageseinrichtungen angepasst.

Programm: Beteiligung an allen Alltagsverrichtungen wie Kochen, Waschen, Gartenarbeit, Reparaturen, Bürodienst, das Anlegen von Dokumentationen und der Organisation von Vorhaben. Kinder zeichnen und schreiben Nachrichten, erwerben Diplome, um Geräte und Räume benutzen zu können.

Aufgabe der Erzieherin ist, eine sehr anregungsreiche Umgebung zu schaffen. Verzicht auf organisiertes Lernen, Betonung der Gegenwart und des selbstaktiven Lernens könnten diesen Ansatz auch der Gruppe der → kindzentrierten Ansätze zuordnen.

Waldkindergarten	ursprünglich aus Norwegen und Dänemark stammende Art des Kindergartenbetriebs ohne Gebäude, an einem Fixpunkt im Wald oder Park. Es gibt ganzjährige, ausschließliche Waldkindergärten und Mischformen, z.B. dass die Gruppe eines Regelkindergartens je nach Jahreszeit einen Monat im Wald verbringt. Gesundheitserziehung und der Aufbau einer Beziehung zur Natur sind wichtige Aspekte der Waldkindergärten.
Waldorfkindergarten	nach STEINER eine auf Menschenerkenntnis beruhende, ganzheitliche Sichtweise von Erziehung. Die Entwicklung des Kindes verläuft in Phasen und beginnt mit der „physischen Geburt". Im ersten Lebensjahrsiebt lernt es durch Nachahmung und orientiert sich am Vorbild Erwachsener. Feste Tagesstrukturen helfen dem Kind, seinen Lebensrhythmus zu finden. Durch Spielzeuge (Naturmaterialien) werden die „Bildekräfte" des Kindes angeregt, ebenso im phantasievoll-künstlerischen Malen. Die Aufgabe der Erzieherin ist primär, dem Kind eine Nachahmungswelt anzubieten, um sinnliche und nicht kognitive Erfahrungen zu machen.
Wissenschaftsorientierte Ansätze	Pädagogischer Ansatz aus den 70er Jahren; folgte der Empfehlung des Deutschen Bildungsrates 1970, neben Spiel und musischem Tun vor allem die 5-Jährigen für physikalisch-technische Phänomene zu interessieren und Denkmuster einzuüben, wie: vergleichen, unterscheiden, zuordnen. Organisiertes Lernen hatte neben der vorbereiteten Umgebung (z.B. Forscherecke) einen hohen Stellenwert.
Entwicklungsorientierter Ansatz	Die Entwicklungsförderung hat einen zentralen Stellenwert in zweierlei Hinsicht: Erzieher sollten Entwicklungsverläufe und Entwicklungsthemen kennen, Fertigkeiten und Fähigkeiten fördern oder stimulieren und gute Rahmenbedingungen geben. Gelenktes Lernen spielt ein gewisse Rolle.
Funktionsorientierter Ansatz	Kleinkinddidaktik der 70er Jahre; entsprach dem Anliegen kompensatorischer Erziehung. Von Bildungstheoretikern entwickelt; neben Spiel und musischem Tun sollten Fertigkeiten (z.B. Schneiden) und psychische Funktionen (z.B. Sprache, Denken) mit den Kindern geübt werden. Auch das frühe Lesenlernen kann zu diesem Ansatz gerechnet werden. → Cur-

ricula. Die Erzieherin hatte eine stark lenkende Funktion.

Montessoripädagogik	Grundannahme, dass die Entwicklung des Kindes einem inneren Bauplan folgt (Reifemodell). Dementsprechend ist das Montessorimodell auch nach 100 Jahren noch aktuell: u.a. Material zur Übung der Sinne, der lebenspraktischen Fertigkeiten, zum Erfassen der Dimensionen, zur sprachlichen Differenzierung. Die Erzieherin bereitet die Umgebung vor, führt Material individuell ein, bietet Begegnung mit der Welt (kosmische Erziehung). Die Montessoripädagogik erfüllt den Anspruch aller hier dargestellten Ansätze: Sie arbeitet kindzentriert und die Materialien stehen für ein deutliches Programm. Weitere Merkmale: Integration behinderter Kinder, Erstbegegnung mit Fremdsprachen.
Havighursts Entwicklungsthemen	in den 30er und 40er Jahren in den USA von HAVIGHURST entwickeltes Modell; Kernpunkt ist, dass die gesellschaftlichen Anforderungen in einer bestimmten Lebensphase vom Einzelnen den Erwerb neuer Fähigkeiten und Fertigkeiten fordern. Im Kindergarten sind aktuelle Entwicklungsthemen, z.B. der Erwerb der Geschlechtsidentität oder der Übergang vom Kindergarten in die Schule. Erzieher bereiten Lernsituationen vor, begleiten und lenken auch. Neuerer Vertreter dieses Ansatzes: HEBENSTREIT.
Reggio-Pädagogik	im Mittelpunkt steht die Menschwerdung des Kindes und nicht die Sache (z.B. Farben); Gefühl, Erfahrung und Erkenntnis gewinnt das Kind in der Auseinandersetzung mit Dingen und Erscheinungen. Dazu bedarf es einer Wahrnehmungssensibilisierung und Ausdrucksvielfalt (z.B. künstlerisch). Die Menschwerdung vollzieht sich im Dialog: Der Erzieher ergründet das Denken der Kinder und legt „Pfade", welche weitere Erfahrungen und Erkenntnisse ermöglichen.

Kategorie: **Entwicklung**

Phylogenese	stammesgeschichtliche Entwicklung aller Lebewesen.
Ontogenese	Entwicklung eines Individuums, von der befruchteten Eizelle bis zum Tod.
Entwicklung	Veränderungen im psychischen, geistigen, sozialen und körperlichen Bereich, die als Prozess auf das Lebensalter bezogen werden können.
Entwicklungsfaktoren	Man unterscheidet:
endogene	Anlagen (Erblichkeit).
exogene	Umwelteinflüsse (z. B. durch Familie, Kindergarten und Schule).
autogene	aktive Selbststeuerung; bedeutet, wie aktiv (kreativ, neugierig usw.) sich ein Kind „von sich selbst aus" mit der Umwelt auseinandersetzt.
Anlage-Umwelt-Problem	bezeichnet die kontrovers geführte Diskussion, ob die Anlagen bzw. die Umwelt überwiegend oder gar ausschließlich die insbesondere intellektuellen Fähigkeiten eines Menschen bestimmen.
ökologische Umwelten	Umweltbereiche, in denen ein Kind mit besonderer Regelmäßigkeit anzutreffen ist, z. B. Wohnung, Kindergarten, Spielplatz. Diese Umweltbereiche repräsentieren Verhaltensmuster, die dem jeweiligen Milieu entsprechen.
Settings	Umgebungsbedingungen; beispielsweise ist der Kindergarten (mit den Gruppenräumen, der Außenspielfläche, den Gruppen, den Erzieherinnen, den Vorpraktikantinnen usw.) ein Ort, an dem das Kind spezifische Verhaltensmuster erwirbt und anwendet. Settings sind erlebte Wirklichkeiten in ökologischen Umwelten.
Reifung	Verhaltensänderungen, die durch Gene gesteuert sind und bei denen Lernen keinen Einfluss auf die Entwicklung nimmt.

Funktionsreifung	um z. B. sprechen lernen zu können, muss die Funktionsreifung der Sprechorgane erfolgt sein.
sensible Phase, Entwicklungsfenster	Entwicklungsabschnitte, in denen auf Grund der hohen Aufnahmefähigkeit des Gehirns Fertigkeiten bzw. Fähigkeiten besonders gut und rasch erlernt werden, z.B. der explosionsartig anwachsende Wortschatz im zweiten Lebensjahr.
Entwicklungspsychologie	beschreibt und erklärt den gesamten Entwicklungsverlauf, die Veränderungen in verschiedenen Entwicklungsbereichen und deren pädagogische Einflussnahme.
Methoden der Entwicklungspsychologie	
psychologische Querschnittsuntersuchung	Vergleich von Untersuchungsergebnissen verschiedener Altersgruppen zu einem Zeitpunkt
Längsschnittuntersuchungen	dieselben Personen werden über Jahre (bei Zwillingen z.T. über Jahrzehnte) zu verschiedenen Zeiten, z.B. jedes Jahr, nach denselben Testverfahren untersucht. Die individuelle Entwicklung kann bei diesem Verfahren besonders gut verfolgt werden.
Entwicklungstests	messen das Entwicklungsniveau und machen Aussagen über Entwicklungsbeschleunigungen bzw. Entwicklungsverzögerungen eines Kindes in allen Entwicklungsbereichen oder in Teilbereichen.
Entwicklungsniveau	derzeitiger Entwicklungsstand
Akzeleration	Entwicklungsbeschleunigung, früh einsetzende Entwicklung.
Retardation	Entwicklungsverzögerung in einem oder mehreren Bereichen, z.B. aufgrund von Fehlernährung, Krankheit, psychischen Belastungen.
Entwicklungsstörung	ein Entwicklungsstand, der in mehreren Bereichen nicht dem statistisch ermittelten Durchschnitt der Gleichaltrigen entspricht, trotz Beachtung eines Toleranzbereiches.
Motorische Entwicklung	auf das Lebensalter bezogene Veränderung der Steuerungs- und Funktionsprozesse von Haltung und Bewegung.
Grobmotorik	Bewegung von Kopf, Armen, Rücken, Becken, Beinen und deren Koordination.

Feinmotorik	Fingerfertigkeit, Bewegungsabläufe im Gesicht (→ Mimik).
Psychomotorik	Zusammenwirken von motorischen und psychischen Handlungen oder Erlebnissen.
Sensumotorik	Steuerung und Kontrolle von Bewegungen auf Grund von Sinnesrückmeldungen (→ Schemabildung).
Sexuelle Entwicklung	→ Sexualität
Sprachentwicklung	→ Sprache
Kognitive Entwicklung	geistiges Wachstum; beinhaltet die Wahrnehmungs-, Denk-, Gedächtnis- und Intelligenzentwicklung.
Denken	ordnen und Erfassen der Wirklichkeit durch Abwägen von Möglichkeiten bestimmter Inhalte unter Verwendung von Begriffen, Modellen, Bildern etc. Denken schließt auch die Planung und die Selbstreflexion mit ein.
Denkentwicklung	PIAGET unterscheidet fünf Entwicklungsperioden, denen verschiedene Denkweisen entsprechen: 1. sensumotorische Intelligenz (bis ca. 2. Lbj.) 2. symbolisch vorbegriffliches Denken (ca. 2–4. Lbj.) 3. anschauliches Denken (ca. 4.–7. Lbj.) 4. konkrete Operationen (ca. 8.–11. Lbj.) 5. formale Operationen (ca. 11.–14. Lbj)
• Äquilibration	Gleichgewicht; PIAGET geht davon aus, dass die kognitive Entwicklung das Resultat der Interaktion des Kindes mit der Umwelt ist.
• Adaption	Anpassung; damit bezeichnet PIAGET zwei gleichzeitig auftretende Reaktionen des Kindes auf die Umwelt: Assimilation und → Akkomodation.
• Assimilation	Angleichung. Einordnung von Umwelterfahrungen des Kindes in bereits bestehende geistige Strukturen (von PIAGET Schemata genannt).
• Schemabildung	wird z.B. ein Bauklotz von einem Säugling sicher gegriffen, dann handelt es sich um eine gelungene Assimilation an das Greifschema.
• Akkomodation	Anpassung, Angleichung neuer geistiger Strukturen an bestehende. Manche Neuinformationen des Kindes widersprechen den alten Denkstrukturen, finden

	in dem vertrauten Schema keinen Platz mehr (z. B. Bringt das Christkind wirklich alle Geschenke?). Das kognitive Schema eines Kindes, seine kognitive Organisation oder Struktur ändert sich mit zunehmenden Erfahrungen.
• Invarianz	Unabänderbarkeit. Varianten werden vom Kind noch nicht erkannt. Beispiel: 1 Euro und 100 ct sind ungleich für das Kind, da es sich an der Menge und nicht am Wert orientiert.
• Umstrukturierung	geistige Fähigkeit, Denkabläufe neu zu gestalten, durch Einsicht oder „Aha-Erlebnis" (z. B. ein ausrangiertes Bügelbrett wird zur Brücke über einen kleinen Bach). Das Kind hat für sich etwas subjektiv Neues geschaffen.
Denkstile im Vorschulalter	Art und Weise, persönlich zu denken.
Egozentrismus	lat.: ego = ich; entwicklungsbedingte Ichbezogenheit, weil dem Kind im Kleinkindalter andere Maßstäbe fehlen.
Anthropomorphismus	griech.: anthropos = Mensch; Tendenz des Kindes, Dinge zu vermenschlichen (z. B. die Puppe, die essen kann).
magisches Denken	im Vorschulalter dominierender Denkstil, Ereignisse höheren Mächten zuzuschreiben (z. B. Der Nikolaus verlässt den Himmel mit dem Schlitten).
prälogisches Denken, Animismus	vorlogisches Denken, auch Wahrnehmungsdenken genannt. Kinder im Vorschulalter orientieren sich primär an dem, was sie sehen, hören, riechen usw.
Finalismus	Ziel, Zweck. Annahme des Kindes, dass alle Handlungen Zweckhandlungen sind (z. B. Es regnet, damit die Blumen trinken können).
Moralische Entwicklung	Aneignung von verbindlichen Normen und daraus abgeleitetem verantwortlichem Handeln. Dies lässt sich im Wesenlichen in drei Grundmustern aufzeigen:
externe Moral	Das Vorschulkind richtet sein Verhalten nach dem Ausmaß von Belohnung und Bestrafung („Ich schlage nicht, sonst muss ich aus der Bauecke gehen").

heteronome Moral	fremdbestimmte Moral. Das Kind richtet sein Verhalten an Erwartungen von erwachsenen Bezugspersonen aus („Stehlen ist verboten").
autonome Moral	selbstbestimmte Normen, Werte (z. B. demokratische) sind individuell verinnerlicht; Bewertung von Handlungen orientiert sich am eigenen Gewissen.
Schulfähigkeit	Summe aller psychischen, kognitiven, sozialen und körperlichen Merkmale, die ein Kind befähigen, den Bildungsgang einer Schulart erfolgreich zu absolvieren.
Schulreife	überholter (weil nicht dem Stand der Wissenschaft entsprechender) Begriff, da überwiegend körperliche Reifungsvorgänge als Voraussetzung zur Einschulung präferiert werden. Bei vielen Eltern hält sich der Begriff Schulreife hartnäckig.
Grundschulfähigkeit	die Schulfähigkeit umfasst u.a. die Bereiche allgemeine Lernfähigkeit, körperliche Reife, Sozialfähigkeit (arbeiten, lernen in einer Klassengemeinschaft), metakognitive Fähigkeiten wie z. B. Selbststeuerung und Planung sowie die Fähigkeit, Aufgaben anzunehmen und durchzuführen.
Schulbereitschaft	Neugier und Aktivitätsbereitschaft von Kindern, die gerne in die Schule möchten und neue Erfahrungen und Erlebnisse anstreben.
Einschulungstest, Schuleingangstest	standardisierte Testverfahren, die eine Prognose über die Grundschulfähigkeit und den erfolgreichen Besuch dieser Schulart abgeben.
Grundschule, Primarbereich, Primarstufe	eine für alle normalschulfähigen Kinder verpflichtende Schulart, auf der die weiterführenden allgemein bildenden Schulen Haupt- und Realschulen sowie das Gymnasium aufbauen. Die Kinder besuchen die Grundschule in Berlin, Hamburg und Bremen 6 Jahre, in den übrigen Bundesländern 4 Jahre.
Stundentafel der Grundschule	legt fest, wie viele Wochenstunden für die einzelnen Fächer vorgesehen sind. Beispiel: Baden-Württemberg:

Unterrichtsfach	Klasse			
	1	2	3	4
Religionslehre	2	2	2	2
Deutsch	6	6	7	7
Heimat- und Sachkunde-unterricht	3	3	3	3
Mathematik	4	5	5	5
Bildende Kunst/ Textiles Werken	1	2	3	3
Musik	1	1	1	1
Sport	3	3	3	3
Stundenzahl pro Woche	**20**	**22**	**24**	**24**
Stütz- und Fördermaßnahmen	2	2	3	3

Schulbericht

In den Klassen 1 und 2 erhalten die Kinder in Baden-Württemberg keine Zeugnisse, sondern einen Schulbericht, eine in Worte gefasste Einschätzung ihres Verhaltens und ihrer Leistungen. Am Ende der Klasse 2 gibt es für Mathematik und Deutsch zusätzlich Noten.

Schulpflicht

gilt für normal schulfähige Kinder, die bis zum 30. Juni das 6. Lbj. vollenden. In Baden-Württemberg werden Kinder darüber hinaus noch aufgenommen, die entweder bis zum 30. Sept. das 6. Lbj. vollenden, oder nach dem 1. Okt. geboren sind (auf Antrag der Eltern). Über den Antrag entscheidet die Schulleitung ggf. nach ärztl. Untersuchung.

Die Dauer bzw. das Ende der Schulpflicht ist in den Bundesländern z. T. unterschiedlich. In Baden-Württemberg endet sie frühestens nach Abschluss der Hauptschule und einem Jahr beruflicher Vollzeitschule. Zur Schulpflicht gehört grundsätzlich die regelmäßige und pünktliche Teilnahme am Unterricht sowie an außerunterrichtlichen Aktivitäten.

Kategorie: **Sprache, Sprach- und Sprechstörungen, Kommunikation**

Sprache	gemeinsames System von Wörtern, die durch Regeln der Grammatik für Menschen einer Sprachgemeinschaft Verständigung ermöglichen.
psychologische Bedeutung	Ausdruck von Erlebnisfähigkeit, Wahrnehmung, Erkennen, Handlung. Auch: System zur Beeinflussung anderer.
Sprechfähigkeit	Beherrschen von Lautbildung, Betonung und Sprachrhythmus.
Sprachfähigkeit	Fähigkeit, das Sprachsystem anzuwenden: Satzbau usw.
Syntax	Satzlehre, Satzbau.
Semantik	Worte und ihre Bedeutung.
Phonetik	Lautbildung und Betonung.
Artikulation	Lautbildung: bis zum 6. Lbj. zu ca. 90% von den Kindern richtig gebildet.
Intonation	Betonung von Silben, Sprachmelodie.
Wortschatz	Gesamtheit der Wörter, über die ein Einzelner verfügt. • aktiver Wortschatz: verwendete Wörter (ca. 1000 im Alter von 3 Jahren, 3000 im Alter von 6 Jahren). • passiver Wortschatz: verstandene Wörter.
Sprachentwicklung	Aneignung des Sprachsystems, der → Artikulation, Intonation und des Sprachrhythmus sowie die fortschreitende Wortschatzerweiterung. Voraussetzungen: ererbte Fähigkeit, Sprache zu lernen; organische Voraussetzungen: Hirnrindenentwicklung, intakte Sprechorgane sowie funktionsfähige Ohren als Rückkopplungsorgan.
Stufen der Sprachentwicklung	
vorsprachlich	von der Geburt bis etwa zum 12. Lebensmonat; der Säugling ist lern- und interaktionsbereit und sucht

	Kontakt mit der Umwelt durch Schreien, Ausdrucksgeschrei, Lallen, Lallmonologe, Echolalie (zirkuläre Selbstnachahmung der eigenen produzierten Laute).
sprachlich	die eigentliche Sprachentwicklung liegt zwischen dem ersten und fünften Lebensjahr. Sie verläuft in den folgenden ungefähren Abschnitten:
1,6 Jahre	zunächst steht ein Wort für die Bedeutung eines ganzen Satzes. Hier wendet das Kind das Prinzip der → Übergeneralisierung an.
1,6–2 Jahre	Zwei- und Mehrwortsätze drücken die Absicht des Kindes bereits differenzierter aus, weil es sich die Personen und Gegenstände in Handlungen geistig vorstellen kann.
3–4 Jahre	Der Wortschatz wächst um ca. 500 Worte pro Jahr. Für dieses Alter sind → Neologismen und → Analogiebildungen typisch, die dem Kind helfen, etwas auszudrücken, was es noch nicht ganz kann, sie zeigen die Anwendung von Strukturen in einer neuen Situation (kreativer Umgang mit Sprache).
5 Jahre	Im 5. Lebensjahr werden Sätze im Wesentlichen in Bezug auf Syntax, Semantik und Grammatik richtig gebildet (Sprachstruktur wird beherrscht).
6 Jahre	Das Kind korrigiert bereits eigene sprachliche Fehler.
7–8 Jahre	Ab dem 7. bis 8. Lebensjahr können Begriffe von konkreten Vorstellungen (z. B. Huhn) losgelöst und nach Ober- und Gattungsbegriffen zusammengefasst werden (z. B. Tiere, Wirbeltiere).
	Wortschatzerweiterung und Differenzierung der Sprache hören nie auf (lebenslanges Lernen).

Besonderheiten im Kleinkindalter

Übergeneralisierung	Das Kind benutzt ein herausragendes Merkmal, um Gegenstände, Personen, Tätigkeiten und Eigenschaften zu benennen, z. B. „Ball" für alle runden Gegenstände, „Papa" für alle Männer.
Analogiebildung	Anwendung eines Sprachmusters in einer neuen Situation: z. B. die falsche Flexion „Ich bin gesitzt", die nebenbei auch zeigt, dass das Kind zeitlich und von der Bedeutung her differenziert.

Neologismen	Wortschöpfungen wie „Kopfhemd" für Mütze zeugen von sprachlicher Kreativität, die in Analogie die ihnen bekannten Substantive verbindet.
sprachliche Sozialisation	schließt alle Einflussfaktoren wie die Wirkung der Familiensprache, die der Alterskameraden sowie der Medien auf den Spracherwerb und den Sprachgebrauch mit ein. → Jugendsprache
Sprachstile, Soziolekt	Sprechweise, lebenssituationsabhängig, herkunftsspezifisch; familieninterne Sprache (z. B. „Muftie" für Papa).
elaborierter Kode	lat.: elaborare = ausarbeiten. Diffenziert ausgebildeter Sprachstil mit differenziertem Satzbau, Eigenschaftswörtern und Satzgefügen, die Beziehungen zwischen 2 Aussagen herstellen: „Papa hat endlich sein Versprechen eingelöst und hat mit uns die Nachtwanderung im gruseligen Burgwald gemacht".
restringierter Kode	lat.: restringere = einschränken. Eingeschränkter Sprachstil: kurze Sätze, wenig Ausschmückungen, geringer Wortschatz wie z. B.: „Wir waren im Wald".
Sprachbarrieren	Grenzen, die durch fehlendes Beherrschen einer Sprache entstehen: • im gesellschaftlichen Zusammenleben und bei der Nutzung von Bildungsangeboten. • Verständigungsschwierigkeiten zwischen Angehörigen verschiedener Kulturen und Sprachen.
Bilinguale Erziehung	Zweisprachigkeit: • simultaner (gleichzeitiger), natürlicher Erwerb von zwei Sprachen im Kindesalter, dies wird auch „**L1 Zweisprachigkeit**" genannt. • die zweite Sprache wird erst angefangen, nachdem eine Erstsprache gefestigt ist, dies wird auch „**L2 Zweisprachigkeit**" genannt. • Heranführen an eine zweite Sprache in Kindergarten und Grundschule, im Alltag, im Gegensatz zum Fremdsprachenunterricht.
Semilingualismus	lat.: semi = halb: oft bei ausländischen Kindern anzutreffen – keine der beiden Sprachen wird kompetent beherrscht.
Sprachmischungen	Sätze, die Wörter beider Sprachen enthalten, z. B. „Es ist ein *beautiful car*".

Interferenzen	lat.: Überlagerung, Strukturen einer Sprache (Lautbildung, Intonation, Grammatik) werden bei der anderen angewandt, z. B. „Ich will anziehen meine Jacke" hergeleitet vom französischen „Je veux mettre ma veste".
Immersionsunterricht	die zu erlernende Fremdsprache ist Unterrichtssprache auch in anderen Fächern, z. B. Sport.
Sprachfreie Tests	Verfahren, die ohne mündliches und/oder schriftliches Sprachverständnis ausgelegt sind; eignen sich somit auch für ausländische, blinde und taube Kinder.
Spracherziehung	bewusste Förderung des Sprachverständnisses und des Sprachvermögens sowie das Befassen mit Sprache (Laute, Zeichen).
Ziele	• Freude am Sprechen und am Umgang mit Sprache wecken • Sprach- und Sprechfähigkeit erweitern • Einüben eines guten Kommunikationsstils • Hören und Zuhören üben • Interesse wecken für Literatur und Schrift
Formen der Spracherziehung	1. dialogische → kontextualisierte Spracherziehung 2. vorbereitete Umgebung ohne direkte Lenkung 3. vorstrukturierte Lernsituationen
Methoden der Spracherziehung	
vorbereitete Umgebung	kommunikationsfördernde Raumstruktur (Einrichten eines z. B. Rollenspielbereichs) und sprachaktivierende Materialien (z. B. Verkleidungsutensilien).
nonverbale Ausdrucksmittel	Pantomime, Tanz, Darstellungsspiele (z. B. armer schwarzer Kater), Bewegungsspiele, Gestaltung.
Lautanbahnung	Mundgeräusche und Lautmalerei sollen die Voraussetzung zur Lautbildung schaffen (Lockerung der Mundmotorik, Gebärden der Sprachunterstützung): bei Nuscheln, flacher Intonation, Lautbildungsfehlern.
Sprachrhythmusübung	durch Reime, Fingerspiele, Lieder
Hörerziehung	Hörübungen in der Rhythmik, bei Kreisspielen, bei Sprachspielen am Tisch, Hörkassetten, bei der Verkehrs- oder der musikalischen Erziehung.

Wortschatzerweiterung	Begriffe körperlich, sinnlich erfahrbar machen, ihre Bedeutung erfassen lassen; konkrete Begriffe (z. B. Schneebesen) und abstrakte Begriffe (z. B. Verantwortung).
Sprechimpulse	sind Aufforderungen zum Sprechen; sie lassen auch einen längeren Gedankengang zu, z. B. „überlege, warum Rumpelstilzchen wütend war".
Sprachformeln	einüben: Grußformen, Frageformen, Formen, die bei Gruppengesprächen immer wieder vorkommen (z. B. → Feedback geben).
Sprachstrukturen	z. B.: Satzbau oder Beugung, verfestigen durch Wiederholung z. B. von Reimen und Fingerspielen.
geschriebenes Wort, Text	Märchen, Geschichten, Bilderbücher, Reime vorlesen oder frei vortragen, im Gespräch Inhalt und Kernaussage erarbeiten.
Buchstaben und Zeichen	in der Umwelt (Reklame, → Graffiti, Pictogramm), am Computer und in (alten) Büchern entdecken, entschlüsseln und damit spielen (abzeichnen, neu kombinieren, verzieren), auch Zeichen und Buchstaben anderer Länder betrachten.
kreativer Umgang mit Sprache	Sprachgeschicklichkeitsspiele (Zungenbrecher), Wörter verändern („dri chinisin mit dim Kintribis"), Geheimsprachen erfinden.
Kommunikationsstile einüben	• Gesprächsregeln einhalten, wie: aussprechen lassen, Ich-Botschaften geben und Nachfragen üben; ferner • Plattform für Gruppengespräche geben, Gesprächsleitung üben, Protokollerstellung über Vereinbarungen (Schulkinder und Jugendliche).
Vortrag, schrifliche Darstellung, Präsentation	Abläufe, Erfahrungen schriftlich darstellen und vortragen oder bildnerisch gestalten: Wandfries, Plakat, Protokoll, Ankündigung, Programm verfassen, Zeitung gestalten.
Rollenspiel, Theaterspiel, Shows	Texte verfassen, sprechen, Shows moderieren, Lieder, Raps vortragen.
Fremdsprachen im Kindergarten	Erstbegegnung mit Klangerfahrungen durch Hören und Nachsprechen; Einladung von Gästen, ergänzt durch Bilder über das zur Fremdsprache gehörende Land.

gestisch-mimisches Sprechen	besonders artikuliertes, langsames Sprechen; dazu werden Worte oder die Satzbedeutung durch Gestik und Mimik visualisiert. Wird auch bei sprachentwicklungsverzögerten Kindern angewandt.
kontextualisieren	im Moment des Geschehens einen Ablauf bzw. Sachverhalt erklären und gestisch-mimisch zeigen, z. B. Schuhe binden, Gemüse schneiden.

Sprach- und Sprechstörungen

Sprachstörungen	fehlerhafte Anwendung des Sprachsystems: Satzbau, Beugung, Einzahl-, Mehrzahlbildung usw. stimmen nicht.
Aphrasie	Unvermögen, vollständige Sätze zu bilden.
Dysgrammatismus	falscher Satzbau, z. B. „Der Alex ein Cowboy war", falsche Sprachform, z. B. Fallbildung: „Er fährt gegen dem Baum".
Aphasie	Störung des Sprachverständnisses und des Sprechvermögens als Folge von Erkrankungen des zentralen Nervensystems trotz normaler Intelligenz und intakter Sprechwerkzeuge.
Mutismus	lat.: mutus = stumm. Sprachunfähigkeit trotz intakter Sprechwerkzeuge; psychisch bedingt oder auch Folge von Gehörlosigkeit.
Echolalie	mechanische Wiederholung selbst produzierter Laute (Säuglingsalter) oder des soeben Gehörten (z. B. Mutter: „Moni, komm her!", Monika: „Moni, komm her"). Manchmal spielen Kleinkinder in dieser Form mit Sprache. pathologisch: bei Menschen mit Autismus und mit geistiger Behinderung.
Eigensprache	selbst erfundene Sprache bei Kleinkindern, Zwillingen und geistig Behinderten.
Lalophobie	Sprechangst, vor allem bei Stotterern.
Sprechstörungen	Aussprache ist fehlerhaft: → Artikulation, Redefluss und → Intonation sind gestört.

Stimmklangstörungen	
• Aphonie	Stimmklang fehlt, Flüsterstimme
• Dysphonie	heiserer Klang
Lautbildungsfehler	
• Dysarthrie	Störung durch mangelnde Koordination der Sprechwerkzeuge.
• Dyslalie	Unvermögen, bestimmte Laute auszusprechen (Stammeln) • Partielle Dyslalie: einen Laut bzw. einzelne Laute betreffend • Multiple Dyslalie: mehrere Laute betreffend • Universelle Dyslalie: alle Konsonanten betreffend
• Kappazismus	falsche Lautbildung von *K* und/oder *G*, oft ersetzt durch *T* und *D*. Beispiel: Tuchen statt Kuchen.
• Lamdazismus	*L*-Laut wird ausgelassen oder fehlerhaft gesprochen.
• Rhotazismus	*R*-Laut wird ausgelassen oder durch *ch* oder *l* ersetzt.
• Sigmatismus	fehlerhafte Aussprache der Zischlaute (z. B. lispeln).
• Lispeln	→ Sigmatismus.
Redeflussstörungen	
• Tachyphemie	umgangssprachlich = Stottern. • Klonische Tachyphemie: krampfartiges Wiederholen eines Lautes • Tonische Tachyphemie: pressendes Verharren bei einem Laut
• Poltern	hastig-übersprudelndes Reden; Auslassen von Silben, Wörtern
• Stottern	→ Tachyphemie
Gebärdensprache	1. Methode der → Logopädie, um Laute zu visualisieren und spüren zu lassen. 2. Gebärdensprache für Gehörlose.
Logopädie	Untersuchung und (nach Diagnostik) Behandlung von Stimm-, Sprech- und Sprachstörungen.

Kommunikation/ Gesprächsführung

Kommunikation	lat.: communicatio = Verständigung untereinander; Austausch von Informationen.

verbale Kommunikation	Verständigung mit Hilfe der Sprache.
nonverbale Kommunikation	Körpersprache (Mimik, Gestik, Körperhaltung) und Handlung (z.B. Ohrfeigen)
• Mimik	Bewegungsabläufe im Gesicht
• Gestik	Ausdrucksbewegungen der Hände
• Pantomimik	Bewegung des ganzen Körpers
• Physiognomik	Gesichtsausdruck, äußere Erscheinung
Kommunikationsmittel, Kommunikationskanal	Sprache, Körperhaltung, Handlung, Medien: Schrift, Zeichen, Bild, Computer, Radio, TV, Plakate usw.
Initiator, Kommunikator	Sender einer Information.
Rezipient	Empfänger einer Information
Botschaft	Mitteilung: Information mit Wissensaspekt und Beziehungsaspekt
Kommunikationseffekt	Wirkung von Botschaft und Kommunikationsmittel auf den Empfänger
Ich-Botschaft	Mitteilung der eigenen Meinung, der Befindlichkeit, des eigenen Vorhabens
Du-Botschaft	Mitteilung der Wirkung des anderen auf uns, inklusive Wertung und Interpretation des Verhaltens, z.B. „Du bist blöd", auch Beschuldigung.
Kommunikative Kompetenz	Fähigkeiten und Fertigkeiten zum *Ausdruck* der eigenen Absichten, Interessen und Bedürfnisse und zum *Hören und Verstehen* der Mitteilung anderer.
Gesprächsarten	in Inhalt und Ziel unterschiedliche Gespräche, z.B. Erlebnisgespräch, Sachgespräch, Problemgespräch, Reflexionsgespräch, Planungsgespräch, informelles Gespräch.
Kommunikationstheorien	befassen sich mit den 5 Eckpfeilern der Kommunikation: Sender, Empfänger, Botschaft, Effekt und Mittel, aber jeweils mit spezifischem Schwerpunkt.
Ausgleichstheorien	WATZLAWIK und SCHULZ V. THUN erforschten insbesondere den Inhalts- bzw. Beziehungsaspekt von Botschaften und die Störungen, die in diesen Bereichen entstehen.
Bewertungstheorie	ARGYLE befasste sich mit dem Erlernen der Kommunikationsregeln und -techniken (z.B. Feedback geben) = Kommunikation als zu übende Fertigkeit.

Reaktanztheorie	BREHM erforschte den sozialen Beeinflussungsprozess durch Kommunikation.
4 Ohren Modell nach SCHULZ V. THUN	1. Sachinhaltsohr: das Ohr hört eine Information. 2. Selbstoffenbarungsohr: das Ohr hört, wie der Sender sich und seine Aussage präsentiert. 3. Beziehungsohr: das Ohr spürt die Beziehung des Senders zum Empfänger. 4. Appellohr: das Ohr registriert, was der Sender von uns will (Beeinflussung).
Kommunikationstörung	Störung auf der Informationsebene (lückenhafte Information), der Beziehungsebene oder Widersprüchlichkeit zwischen Aussage und Handlung.
Doppelbindungen	Inhaltsaussage ist widersprüchlich zu Handlung oder Ton, z. B. Mutter sagt, sich abwendend: „Du bist mir sehr wichtig."
Interpretationsfehler	Empfänger filtert und interpretiert falsch.
Beziehungsblocker, Killerphrasen	meist stereotype, bisweilen diskriminierende Äußerungen, die den Gesprächsverlauf negativ beeinflussen (z. B. „...hat sich der Vorschlag schon irgenwo mal bewährt?" oder „Bekanntlich ist es so, dass...").
Gesprächsführungsmethoden	Techniken zur Eröffnung und Lenkung eines Gesprächs.
passives Zuhören	aufmerksames Zuhören, verstärkende Äußerungen wie „so" oder „verstehe".
aktives Zuhören	sprachliche Unterstützung des Sprechenden durch Paraphrasieren und Verbalisieren.
paraphrasieren	wiederholen der Aussagen des Gesprächspartners
verbalisieren	(vermutliche) Gefühle des Gesprächspartners ausdrücken, z. B. „Du bist sehr aufgebracht, was macht dich so wütend".
Feedback	Rückmeldung, wie eine Person und ihr Verhalten auf den Feedbackgeber wirken. → Ich-Botschaften und → Du-Botschaften
W-Fragen	„Wo, wie, was, wer" sind Abfrage-Fragen, die oft mit einem Wort oder einem reduzierten Satz beantwortet werden können.
Suggestivfragen	lat.: suggerere = von unten herantragen; eingeben, einflüstern, z. B. „Hatte Udo nicht recht?".

Beratungskompetenz	Fähigkeiten und Fertigkeiten wie • zuhören, das Problem herausfiltern können, • den Ratsuchenden motivieren und seine Kompetenzen stärken, • Sachwissen und Realitätssinn haben. Beratungskompetenz wird in der Regel in einer Ausbildung trainiert. Hauptanliegen guter Berater ist, Hilfe zur Selbsthilfe zu geben.
gutes Ende	Problem- und Reflexionsgespräche müssen mit einem positiven Ausblick enden, um den Ratsuchenden zur Änderung zu motivieren.
klientenzentrierte Beratung	Ansatz, der von den Stärken des Klienten ausgeht; allein die Kompetenz des Gesprächspartners versetzt diesen in die Lage, seine Entwicklung voranzutreiben: Appelle, Angst, Selbsterkenntnis verringern die Handlungsfähigkeit eher.

Kategorie: **Aktionsfelder im Kindergarten**

Spiel	Mehrdeutiger Begriff für einen Wesenszug menschlichen Verhaltens und Ausdrucks in jedem Alter. Das Kleinkind ist fast ausschließlich spielend tätig, beim Schulkind wird das Spiel Gegensatz zur Pflicht, im Jugend- und Erwachsenenalter ist das Spiel auf die Freizeit begrenzt. Als lustvoll erlebtes Tun hat es seine Funktion auch im Liebesspiel und erhält seinen Sinn bis ins Seniorenalter, selbstbestimmt, phantasievoll und zweckfrei mit anderen tätig zu sein.
Spielstörung	bedeutet, nicht spielen zu können oder suchtartig zu spielen (vor allem Glücksspiel).
Spieltheorien	beschreiben und erklären Spiel und Spielverhalten aus der jeweiligen Sicht ihrer Vertreter.
biologisch orientierte Spieltheorien	• vergleichen tierisches und menschlisches Spielverhalten, • erklären Spiel mit der instinktgesteuerten Vorübung zukünftiger Ernstfälle (Mutter-Vater-Kind-Spiel), • sehen Spiel als Nachahmung artgerechten Verhaltens (GROSS), • sehen Spiel als Abreaktion überschüssiger, natürlicher Kräfte (SPENCER).
kulturanthropologische Spieltheorien	sehen Spiel als Ursprung der Kultur, da im Spiel die Möglichkeit zur zweckfreien, künstlerischen und kulturschaffenden Tätigkeit begründet liegt (HUIZINGA).
psychoanalytische Spieltheorien	• im Spiel kann das Kind nicht verarbeitete Probleme und Konflikte abreagieren (Katharsistheorie). • Spiel ist die Möglichkeit der Ich-Ausdehnung, des Sich-größer-Machens (FREUD, S. und FREUD, A.).
soziologische Spieltheorien	• untersuchen herkunftsspezifische Auswirkungen auf das Spielverhalten, die Identitätsfindung und die Entwicklung der sozialen Kompetenz (SUTTON-SMITH), • befassen sich mit geschlechtsspezifischem Spiel.

entwicklungspsychologische Spieltheorien	untersuchen den Einfluss des Spiels u.a. auf die kognitive Entwicklung (PIAGET); HETZER zeigt am Spiel die Entwicklung des Kindes grundsätzlich auf. HECKHAUSEN sieht Spiel als Aktivierungszirkel mit ständigem Auf- und Abbau von erlebter innerer Spannung, die die Entwicklung fördert.
Spielentwicklungsstufen -sachbezogen	
unspezifisch funktionale Stufe	Gegenstände werden nicht ihrem Zweck entsprechend benutzt, sondern auf ihre Eigenschaften hin untersucht: gedreht, geschüttelt, in den Mund gesteckt, zum Klopfen benutzt, beschnuppert; nach SCHENK-DANZIGER ein angeborenes Lernverhalten.
spezifisch funktionale Stufe	zweckvolles Hantieren mit Material: Bausteine reihen und stapeln, Sand einfüllen und ausleeren.
Symbolstufe	Das Kind sucht in seinem Zufallsprodukt Ähnlichkeit mit der Realität, wobei schon ein Detail (Symbol) genügt, es als Ganzes zu benennen, z.B. zwei Kreise nebeneinander stehen für ein Auto.
Schemastufe	beim Zeichnen, Malen, Kneten, Bauen: Beschränkung auf des Wesentliche, z.B. Mensch = Gesicht, Kirche = Turm. Hinzufügung weiterer Details bis hin zum differenzierten Frontalschema (Kopf, Körper, Beine von vorn gesehen) bzw. die Kombination mehrerer Schemata → Perspektive
Spielentwicklungsstufen – gruppenbezogen	Orientierung an Spielpartnern und deren Beeinflussung
Alleinspiel, unbeteiligt	Spielmaterial unterscheidet sich von dem der anderen; kein Versuch der Annährung an andere; kein Interesse an deren Tun.
Beobachtunsspiel	Kind hantiert mit etwas, aber seine Aufmerksamkeit richtet sich auf das Tun der anderen.
Parallelspiel	Kind sucht die Nähe der anderen; sein Spielmaterial ist gleich oder ähnlich; sein Spiel wird nicht beeinflusst durch die anderen und es versucht nicht, zu beeinflussen.
Assoziationsspiel	Spielideen anderer werden aufgenommen, in das eigene Tun integriert, aber es entsteht kein gemeinsames Thema, kein gemeinsamer Plan.

Kooperationsspiel	Eigeninteresse wird dem Interesse der Gruppe oder Sache untergeordnet oder andere werden überzeugt, dies zu tun. Plan und Rollen werden besprochen.

Spielarten

Hingabespiel, Rezeptionsspiel	genussvoll etwas immer und immer wiederholen oder geschehen sehen, eher innerlich aktiv sein (z. B. in einer Hängematte versinken, das Wolkenziehen in sich aufnehmen, ohne bewusst zu beobachten).
Funktionsspiel	Spiel aus Freude an der Bewegung und an den zufällig bewirkten Veränderungen (z. B. kritzeln, Spieluhr aufziehen, Dreirad fahren).
werkschaffendes Spiel	konstruierendes, gestalterisches Spiel mit drei Merkmalen: • vorgefasster Plan • Durchführung des Vorhabens • Betrachter kann das Ergebnis erkennen.
Rollenspiel	
• freies	Reproduktion eigener Verhaltensweisen, Nachahmung von Personen, Tieren und deren Handlungen, Verlebendigung lebloser Dinge und Umdeutung von Dingen (willkürliche Symbolsetzung), um den Spielvorgang zu sichern (z. B. Baustein wird zum Auto). Dazu gehören auch Kleine-Welt-Spiele: Szenarien im Puppenhaus, mit Spielfiguren, Autos usw.
• gelenktes	Problemorientiertes Rollenspiel: Bearbeiten und Darstellen von Konfliktsituationen, u. a. um Handlungsalternativen einzuüben.
• darstellendes Spiel	Spiel mit Textvorlage: Spiellied, Märchenspiel, Theaterspiel.
Regelspiel	Merkmale: • vorgegebener Ablauf • Spielvollzug im Wechsel mit dem Partner • ggf. Wettbewerb (Zufalls- oder Strategieprinzip) • u. a. Tisch-, Kreis-, Bewegungs-, und Sportspiele.
Interaktionsspiele	Spiele, die der Selbsterfahrung, der Kontaktaufnahme, der Gruppenbildung dienen sollen, bei denen die Teilnehmer üben zu beobachten, sich auszudrücken, sich in den anderen hineinzuversetzen, zu führen und zu folgen.

didaktische Spiele	Lernspiele, die mit spielerischen Mitteln (z. B. Bildern, erlebnisfördernden Aufgabenstellungen, Wettbewerb) Einzelfähigkeiten fördern: Farbbenennung, Wiedererkennen von Mustern, Erkennen von Gemeinsamkeiten (z. B. Reimwörter), Erkennnen von Unterschieden.
Computerspiele	in der Regel auf CD-ROMs bzw. DVD-ROM gespeicherte Spielprogramme, die allein oder zu zweit gespielt werden können. In manchen Kindergärten werden Geschicklichkeitsspiele, Mal- oder Lernprogramme (z. B. zum Lesen oder Rechnen lernen) eingesetzt und gehen damit über das → didaktische Spiel hinaus.
virtuelle Spiele	kommen in Kindergärten weniger vor. Sie bilden auf dem Bildschirm die Wirklichkeit ab oder zeigen eine künstliche Welt in der Vergangenheit oder Zukunft. Rolle des Spielers ist, diese Welt zu gestalten und/oder sich in allerlei konstruierten Gefahren zu bewähren.
Freispiel	Phase im Tagesablauf eines Kindergartens, in der die Kinder Material, Ort, Partner und Tätigkeit frei wählen können.
Freispielführung	
gruppen-, sozialpädagogisch	• Raumvorbereitung; für Spielatmosphäre sorgen. • spontan Spielimpulse geben bei festgefahrenen oder konfliktreich verlaufenden Spielen; unterschiedliche Spielinteressen bündeln • neue Spiele einführen, Spiele selbst erfinden, herstellen • für Erlebnisse sorgen, die ins Rollenspiel einfließen können • Spielausdauer fördern
Raumvorbereitung	Der Begriff „vorbereitete Umgebung" kommt aus der Montessori-Pädagogik und fordert, die Raumstruktur bewusst zu gestalten, für Funktionalität und Anregung zu sorgen; Materialbeschränkung und Materialergänzung je nach aktuellem Entwicklungsstand der Kinder
Raumstruktur	lat.: structura = Ordnung, Zusammenfügung, Anordnung der Teile eines Ganzen.

• vertikale Raumstruktur	Höhenunterschiede durch Podeste, Mulden, zweite Ebene.
• horizontale Raumstruktur	Gliederung eines Raumes auf einer Ebene durch Raumteiler, Erker usw.
• Funktionalität der Raumstruktur	Akustik, Lichtverhältnisse, Temperatur, Möbel und Material, Aktionsradien und Überschaubarkeit müssen beachtet werden, damit der Raum für Kind und Erzieher funktionsfähig ist, Sicherheit, Kontaktmöglichkeiten und Anregung bietet.
Funktionsbereiche	durch Raumteiler und entsprechende Ausstattung festgelegte Bereiche, z. B. Puppenecke, Bauecke, Spieltisch, Maltisch, Frühstückstisch, neuerdings Computerecke → Computerspiele.
Funktionsräume	Räume, die in der Nutzung festgelegt sind, aber in der Art mehr Vielfalt bieten: z. B. Rollenspielraum statt Puppenecke, Atelier statt Maltisch.
Vorstrukturiertes Spiel	gelenktes Spiel, zweckgebunden, zum Beispiel unter gruppenpädagogischen oder spielpädagogischen Gesichtspunkten zusammengestellte Spielfolge → Interaktionsspiele, → didaktisches Spiel, → darstellendes Spiel
Spielfolge	eine Reihe von Kreisspielen, die thematisch im Zusammenhang stehen (z. B. zum Thema Sommer) oder anderweitig einen Zusammenhang aufweisen, eine spielpädagogische, gruppenpädagogische oder sonstige Förderabsicht zeigen (z. B. Sprachförderung).
• Methodik	**Mitmachen**: alle tun das Gleiche gleichzeitig (geringe Anforderung).
	Kettenspiele: endlose Aneinanderreihung ein und desselben Vorgangs ohne Eigenleistung und ohne Sprache, z. B. „Der Plumssack geht um".
	Solospiele: ein Kind hat eine eigene Rolle, die ausgeschmückt werden muss, z. B. „Der Bär ist los".
	Staffel: eine Gruppe wetteifert als Ganzes gegen eine andere Gruppe.
Spielaktion, Spielfest	groß angelegter Rahmen, mit geladenen Gästen und ggf. Showeinlagen oder Wettbewerb und Siegerehrung; gruppenübergreifendes Erlebnis.

Kreativität	schöpferische Kraft; Ideen entwickeln und gestaltend verwirklichen, mit dem Mut, „ausgetretene Pfade" zu verlassen → entdeckendes Lernen. Es gibt u.a. künstlerische, handwerkliche, technische, mathematische, soziale, musikalische und sprachliche Kreativität.
Ästhetik	griech.: aisthetike. Sammelbegriff für • Wissenschaft vom sinnlich Wahrnehmbaren • Wissenschaft vom Schönen (Hegel) • das stilvoll Schöne • Schönheitssinn
Phasen der Kreativitätsentwicklung	analog der Spielentwicklung, sachbezogen.
Ästhetische Erziehung	alle Erziehung, die auf die Entfaltung der Sinne für das Schöne abzielt, sowohl betrachtend, das Schöne aufnehmend, als auch schaffend.
Bildnerisches Gestalten	• zeichnen, malen. • verschiedene Techniken des Farbauftrags wie Drucken, Spachteln. Farbauftrag beeinflussen durch wässrigen oder Kleister-Untergrund, Bügeln, Blasen. • Arrangement fertiger Materialien zu Collagen gestalten mit neuer Aussage • auf unterschiedlichem Untergrund: ∘ Papier, Holz, Stein usw., ∘ gegenständlich (Baum, Blume), ∘ gegenstandsfrei (Muster, Farb- oder Formkomposition). • Verfremdung durch Farbgebung und Arrangement von Materialien, die eigentlich nicht zusammengehören.
Werken	verarbeiten von zweidimensionalen Materialien zu dreidimensionalen Objekten (z.B. durch Falten); bearbeiten dreidimensionaler Materialien zu Gebrauchs- und Kunstgegenständen, auch Montage verschiedener Materialien.
Spezifische Formen/ Methoden der ästhetischen Erziehung	
• freies Gestalten	Maltisch, → Bildnerisches Gestalten, → Werken

• Malen nach Musik	Bewegung und Charakteristik der Musik aufnehmen und mit Farbe auf Papier bringen.
• Sprechzeichnen	Sprechrhythmus und dessen Schwerpunkt auf Papier bringen.
• Zeichenprotokoll	Handlung einer Geschichte in Bewegung umsetzen und auf Papier bringen.
• Bild-, Kunstbetrachtung	aufnehmen, anfassen, sich äußern; Besonderheiten, z. B. der Stimmung, der Technik erörtern, ggf. Umsetzen in eigenes Tun, z. B. in Bewegung, Musik; befassen mit dem Künstler, seinem Werdegang usw.
• Perspektive	Eindruck von Räumlichkeit und Tiefe.
◦ Farbperspektive	Farben werden von vorn nach hinten blasser, grauer, bläulicher.
◦ Größenperspektive	Größe von Objekten nimmt zum Hintergrund hin ab
◦ Zentralperspektive	Parallelen, die in die Tiefe des Raumes reichen, werden verkürzt oder laufen in einem Punkt zueinander
• Grundriss	Sicht von oben, Draufsicht.
• Aufriss	Sicht von vorn, Frontalansicht.
• Farbe	**als Substanz:** in fester oder weicher Form, wässrig oder ölig, je nach Bindemittel
	als Erscheinung: durch Reflexion und Absorption von Licht erscheinen uns die Dinge als grün, gelb usw.
	als Symbol: bewusste Farbsetzung: z. B. im Mittelalter hatten die Farben Blau und Gold besondere Bedeutung (Farbsymbolik).
• Plastik	aus ehemals eher weichem Material geformtes Kunstwerk, z. B. im Kindergarten mit Ton oder Knete.
• Skulptur	durch das Bearbeiten eher harten Materials (Wegnehmen) wird ein Kunstwerk geschaffen, z. B. mit Speckstein.
• Kunstobjekt	Montage fertiger Teile zu einem Werk; z. B. werden Plastikröhrchen kunstvoll kombiniert oder es entsteht eine Schachtelmontage.

Umwelt erleben

Umwelt erleben von Kindern heute

Zonenmodell von BAAKE	Nach BAAKE wachsen Kinder heute in 4 Zonen auf: in der – Familie als ökologischem Zentrum – dem Viertel als ökologischem Nahraum – der Schule bzw. dem Betrieb als ökologischem Ausschnitt – dem Urlaub als ökologischer Peripherie
Inselmodell von ZEIHER	nach diesem Konstrukt leben Kinder auf ihrer Wohninsel und bewegen sich mittels Auto zu weiteren Inseln: Schule, Geschäfte, Freunde, Institutionen.
Primärerfahrungen	Erfahrungen aus erster Hand, mit allen Sinnen.
Sekundärerfahrungen	Erfahrungen aus zweiter Hand, aus dem Autofenster, dem Fernseher, von Bildern.
Umwelterziehung	möchte dem Kind helfen, sich seine Umwelt aktiv zu erschließen. Dazu gehören: • Eindrücke aus der Umwelt zu ordnen, beim Detail zu verweilen, • Zusammenhänge zu erkennen, • → magisches und → egozentrisches Denken zu überwinden, • sich als Teil der Umwelt wahrzunehmen, • den Menschen als Nutznießer und Verantwortlichen zu erkennen, • Umwelt zu gestalten.
Natur	den eigenen Körper bewusst wahrnehmen wie auch Elemente (Feuer, Erde, Luft und Wasser), Wetter, Pflanzen, Tiere, Steine, Licht, Schatten, Nahrung, Werden und Vergehen, Jahreszeiten, biologische Lebensräume, Landschaft.
Technik	zum Beispiel Geräte, Fahrzeuge, Produktions-, Beleuchtungs-, Abfall- und Abwassersysteme.
soziale Umwelt	Lebensräume: u.a. Familie, Kindergarten, Stadtteil, Schule, Verein, Verkehr, Betrieb und andere Länder.
Kultur	typische Ausdrucksformen unserer Gesellschaft kennen lernen: Sprache, Kleidung, Musik, Kunst, Woh-

	nen, Schrift; Religion sowie entsprechende Ausdrucksformen anderer Kulturen.
Zeit	Zeiteinteilung und Zeitmessung: Minute, Stunde, Tag, Woche, Feste, Jahreszeiten, Vergangenheit und Gegenwart, Werden und Vergehen, Lebenskreislauf.
Verkehrserziehung	organisierte Hinführung der Kinder zu bewusster Verkehrswahrnehmung und zum Einüben sicheren Verhaltens.
Wahrnehmungsleistungen im Verkehr	
Bewegungssehen	Fähigkeit, den Verlauf der Bewegung vorauszusehen (auch Reaktionszeit und Bremsweg).
Diskriminationsfähigkeit	Wesentliches und Unwesentliches trennen können, z.B. ein sich nähernder Radfahrer ist wichtiger als der Süßwarenladen.
Peripheriewahrnehmung	sehen am Rande des Gesichtsfeldes.
Gesichtsfeldausfall	Phasen des Nichtsehens z.B. durch Lidschlag (10–20 Mal pro Minute beim Erwachsenen für je 0,3–0,4 Sekunden).
Spezifische Methoden der Umwelterziehung	
Lernen im Sinnzusammenhang	Alltagsverrichtungen wie kochen, reparieren, Kompostierung, Gartenpflege usw.
vorbereitete Umgebung/Entdeckungen im Alltag	Ausstattung von Haus und Außengelände so, dass Kinder handelnd und entdeckend mit Tieren, Pflanzen, verschiedenen Materialien, Werkzeugen, Geräten, Fahrzeugen und Medien umgehen können, Wetter erleben sowie soziales Leben und Kunst beobachten können.
Sammelecke	Gegenstände betrachten, beobachten, untersuchen, vergleichen, ordnen (beschriften), präsentieren (z.B. Muscheln oder Steine).
Laborecke	Set von Materialien zum Thema passend, z.B. zum Thema Zeit: von der Geburt bis zum Lebensabend, Zeit messen (Kalender, Uhr); Vergleich: das Leben heute und früher.
Präsentationsplattform	Gruppengespräch über Gesammeltes, Erlebtes, Entdecktes unter der Leitung der Erzieherin, Einsatz von

	Anschauungsmaterial, um alle Kinder mit der Thematik zu konfrontieren.
Exkursionen	Ausflüge, um Erkenntnisse zu gewinnen und Fertigkeiten zu üben, z. B. Verhalten im Verkehr, Einkaufen, Gang zur Bibliothek, zum Markt, in den Park, in den Wald.

Kategorie: **Wahrnehmung, soziale Wahrnehmung, Beobachtung**

Reiz, Stimulus	Eindruck, der → Sinnesorgane erregt.
Reizdiskriminierung	Aussonderung von Eindrücken, die stark sind (Knall) oder persönlich besonders ansprechend.
Reaktion, Response	Reizantwort, stellt sich in der Regel nach → Reizdiskriminierung ein (schwache Reize führen nicht unbedingt zu Reaktionen).
Reizüberflutung	bezieht sich 1. auf die begrenzte Aufnahmekapazität des → sensorischen Gedächtnisses (z. B. Situation auf dem Jahrmarkt), 2. auf ein Thema. Es drückt die Besorgnis darüber aus, dass Kinder durch Massenmedien (Fernsehen, Computer etc.) bzw. Informationsflut überfordert sind bezogen auf ihr Alter und ihre Erfahrung.
Wahrnehmung	bezeichnet 1. den Prozess des Wahrnehmens 2. das Ergebnis dieses Prozesses
sensorische Wahrnehmung	Ausgangspunkte der Wahrnehmung sind sensorische Erscheinungen, die durch Reizung der Sinnesorgane entstehen.
Sinnesorgane	Reizaufnahmeorgane, die bestimmte Wahrnehmungen und Kontakte zur Umwelt ermöglichen (z. B. Ohr, Nase, Haut).
Sinne	beziehen Informationen aus der Umwelt als physikalisch-chemische Reize (z. B. Schallwellen, Gerüche); durch spezialisierte Rezeptoren werden diese Reize empfangen, zum Gehirn geleitet und dort weiterverarbeitet.
olfaktorischer Sinn	Geruchssinn; vermittelt als Fernsinn Wahrnehmungen von Duftstoffen. Der Geruchssinn ist stark an Gefühle gebunden („jemanden nicht riechen können").

gustatorischer Sinn	Geschmackssinn; er reagiert auf süß, sauer, bitter und salzig über die Zunge und den weichen Gaumen; an der Geschmackswahrnehmung ist der Geruchssinn beteiligt.
haptischer Sinn	Tast- und Drucksinn; über den gesamten Körper verteilt, zu spüren z.B. bei der Körperentleerung.
visueller Sinn	Sehsinn, eigentlich Lichtsinn (durch Lichtwellen entstehend), der über die Augen Wahrnehmung vermittelt.
auditiver Sinn	Gehörsinn; vermittelt dem Ohr Informationen über die Schallwellen.
taktiler Sinn	Tastsinn; Sinn für Berührungsreize in der Haut (insbesondere Lippen, Fingerspitzen, Sexualorgane, da hier die Nerven dichter zusammenliegen als z.B. an Po und Rücken).
kinästhetischer Sinn	Bewegungssinn, Muskelsinn, kooperativer Sinn, der durch die Muskeln Schwere, Lage und Widerstand des Körpers (Körperteile) bewusst macht.
pädagogische Relevanz	Sinnesschulung im Kindergarten nach MONTESSORI.
Wahrnehmungskonstanzen	
Formkonstanz	Wiedererkennung eines Gegenstandes trotz „perspektivischer Verformung"
Größenkonstanz	Erkennung der wirklichen Größe eines entfernten Gegenstandes, ungeachtet seiner scheinbaren Verkleinerung.
Wahrnehmungskausalität	Zusammenhang von Ursache und Wirkung wird erkannt (z.B. ein Spielzeugauto bewegt sich erst, wenn es angeschubst wird).
Gestaltwahrnehmung	geht von der Voraussetzung aus, dass wir nur „Gestalten" (sinnvolle Ganzheiten, Strukturen) wahrnehmen; so werden z.B. bestimmte Sterne am Himmel als „Großer Wagen" in eine Beziehung gebracht. Es entsteht somit eine Gestalt, auch Ganzheit genannt.

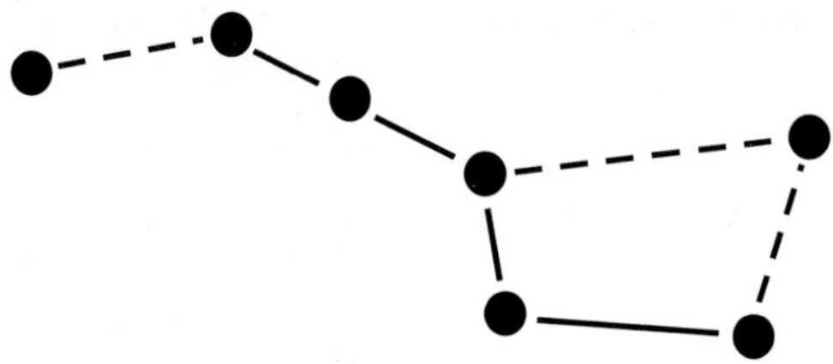

Sternbild: großer Wagen

Wahrnehmungs-täuschung	Wahrgenommenes stimmt mit der objektiv gegebenen Wirklichkeit nicht überein. Wahrnehmungstäuschungen können in allen Sinnesbereichen vorkommen.
geometrisch-optische Wahrnehmungstäuschungen	Besonders prägnant sind die geometrisch-optischen Täuschungen:

Müller-Lyersche-Pfeiltäuschung
unterer Pfeil wird vom Betrachter als größer wahrgenommen.

Soziale Wahrnehmung	beeinflusst die Wahrnehmung z.B. durch → Vorurteile, Werte, Normen, Gruppeneinflüsse. Engere Abgrenzung:
Selbstwahrnehmung	das Bild, welches wir von uns selbst haben.
Fremdwahrnehmung	das Bild, das wir uns von anderen machen.
Metawahrnehmung	unsere Vermutungen, wie andere uns sehen.
Wahrnehmungsfehler bei der Persönlichkeitsbeurteilung	liegen vor, wenn die eigene Wahrnehmung mit der Wirklichkeit nicht übereinstimmt.
Halo-Effekt, Hof-Effekt	Der Beurteiler lässt sich vom Gesamteindruck oder von einer dominanten Persönlichkeitseigenschaft leiten. So kann ein hilfsbereiter, freundlicher Schüler vom Lehrer unbewusst bei der Leistungsbeurteilung gegenüber anderen bevorzugt werden.
Milde-Effekt	Tendenz des Beurteilers, eine zu gute Note zu geben.

Primacy-Effekt	der erste Eindruck, den eine Person hinterlässt.
Projektion	eigene Wünsche, Bedürfnisse, Probleme oder Erwartungen werden in andere Personen hineingedeutet.
Pygmalion-Effekt, Rosenthal-Effekt, self-fullfilling-prophecy	Verhalten, Leistung u.a. eines Kindes hängen davon ab, welche Erwartungen die Umwelt (z.B. Lehrer, Eltern) an das Kind stellen.
Selektivität	Aus einer Fülle von Reizen nehmen wir nur einen Ausschnitt wahr und richten unsere Aufmerksamkeit daraufhin aus.
Strenge-Effekt	Tendenz eines Beurteilers, eine zu schlechte Note zu geben.
Subjektivität	Wahrnehmungsfehler durch Unsachlichkeit, starke Gefühlsbetonung und Parteilichkeit.
Stereotyp	vorgefasste, klischeehafte Meinung; Vorstellung über einzelne und Gruppen als Grundlage von Urteil und Wahrnehmung („alle Dicken sind gemütlich“).
Vorurteile	sind über das Stereotyp hinausgehende, abqualifizierende, vorschnell und interessengerichtete Urteilsbildungen.
Wahrnehmungsstörungen	
– des Figur-Grundes	Unvermögen, ein Detail vom Hintergrund abzuheben und die Aufmerksamkeit darauf zu richten.
– der Serialität	Unvermögen, zwei oder mehr Sinneseindrücke ihrer Bedeutung nach in eine sinnvolle Reihenfolge zu bringen oder auch die Struktur einer Abfolge zu erkennen oder zu reproduzieren. **Auswirkungen:** z.B. verzögerter Spracherwerb (Lautfolge in einem Wort wird nicht erkannt); Regelübertretung, da abgesprochene Reihenfolgen nicht eingehalten werden; Unvermögen, die Abfolge des Schleifebindens zu lernen.
– der Propriozeption	Störung des Körperschemas, eine Vorstellung vom eigenen Körper fehlt. **Auswirkungen:** z.B. stolpern; hinfallen, andere anrempeln; Stühle etc. umwerfen; Schmerzunempfindlichkeit z.B. bei Hitze; keine Menschen zeichnen können; Vorgaben beim Turnen nicht ausführen können.

– der Visumotorik	Bewegungsplanung ist unvollständig, z. B. die Auge-Hand-Koordination.
	Auswirkungen: alle planvollen Bewegungen gelingen schwer, z. B. Zeichnen, Schleife binden, Schreiben.
– der Konstanzen	Gegenstand wird nicht wiedererkannt, wenn er seine Farbe, Lage oder Größe ändert.
– der räumlichen Beziehungen	zwei oder mehr Gegenstände können nicht miteinander in Beziehung gesetzt werden.
	Auswirkungen: rechts/links Unterscheidung usw.; Aktion und Reaktion gelingen nicht.
– des Bewegungssehens	Geschwindigkeiten können nicht eingeschätzt werden: fahrende Autos, Bälle (Turnen).
	Auswirkungen: Gefahren nicht sehen oder Vermeidungsverhalten.
Agnosie	griech.-lat.: Nichterkennen; Unfähigkeit, wahrnehmbare Gegenstände trotz funktionierender Sinnesorgane zu erkennen und einzuordnen, z. B. Deuteranopie (Rot-Grün-Blindheit).
Halluzination	lat.: hallucinari = träumen, fesseln; Wahrnehmung von etwas, das nicht vorhanden ist, Wahnvorstellungen. Alle → Sinne können betroffen sein.
Illusion	falsche Interpretation oder Umdeutung von Wahrnehmungen.

Sinnesbehinderungen

Blindheit	2 % Sehfähigkeit oder weniger.
Sehbehinderung	bedeutet fehlende Schärfe und Gesichtsfeldausfall z. B. durch verlängerten Lidschlag oder eingeschränkten Sehradius. Sehreste von 5–33 % auf dem besseren Auge, trotz Korrektur wird normale Sehfunktion nicht erreicht.
Sehstörungen	unter anderem gestörtes Form- und Farbsehen; Sehbeeinträchtigung z. B. durch schwebendes Teilchen im Glaskörper des Auges; Blendempfindlichkeit, gestörtes Nachtsehen.
Gehörlosigkeit	Taubheit oder sehr begrenzte akustische Wahrnehmungsfähigkeit. Man unterscheidet:

	• **praelinguale Gehörlosigkeit:** Taubheit vor dem Spracherwerb, • **postlinguale Gehörlosigkeit:** Taubheit nach dem Spracherwerb.
Schwerhörigkeit	Oberbegriff für Schallleitungsbeeinträchtigung (gedämpft; leiser, aber richtig) bzw. Schallempfindungsbeeinträchtigung (verzerrt, hohe oder tiefe Frequenzen fehlen, Hörlöcher, „weißes" Geräusch = Neben-geräusch).
Hörstörungen	gestörtes Richtungshören oder Lautdiskriminationsfehler (z.B. ss statt ff).
• Tinitus	Geräusche im Ohr ohne erkennbare Geräuschquelle: Brummen, Dröhnen, Rauschen, Zirpen, Summen.

Beobachtung

Beobachtung	bewusste Hinwendung zu einem Wahrnehmungseindruck.
Introspektive Beobachtung	Selbstbeobachtung
Alltagsbeobachtung	so genannte naive Beobachtung, da der Beobachter sich vom Zufall und der Situation lenken lässt, sowohl in der Auswahl der Beobachtungssituation als auch in der Deutung.
freie Beobachtung	bewusstes Hinwenden, aber ohne eindeutiges Ziel und ohne ausdrücklich formulierte Beobachtungskategorien.
systematische, strukturierte Beobachtung	• ist mit einem Zweck verbunden, • mit Beobachtungsschema und/oder in gestellten Situationen, • mit schriftlichen Aufzeichnungen, • in vorher festgelegtem zeitlichem Rahmen.
offene/verdeckte Beobachtung	Der zu Beobachtende weiß/weiß nicht, dass er beobachtet wird.
aktive Beobachtung	Der Beobachter nimmt an der Beobachtungssituation teil.
passive Beobachtung	Der Beobachter beobachtet das Geschehen vom Rand aus.
Beobachtungsfehler	→ Wahrnehmungsfehler

standardisierte Beobachtungsbögen — Bögen, die bestimmte Fähigkeiten abfragen; die Vergleichsdaten wurden in Querschnittsuntersuchungen ermittelt und treffen in der Regel für ca. 90% einer Altersgruppe zu.

Heute gängige Bögen sind z.B:

- der K-ABC (Kaufmann-Assesment Battery for Children, deutschsprachige Fassung),
- die MFED (Münchner Funktionelle Entwicklungsdiagnostik für das 2. bis 3. Lebensjahr) KÖHLER und EGELKRAUT.

Bericht — sachliche Darstellung eines Ist-Zustandes; Zusammenfassung einer Beobachtung.

Prognose — Vorhersage

Beurteilung — Vergleich der ermittelten Daten eines Kindes mit statistisch gesicherten Durchschnittswerten; Einschätzung, ob das beobachtete Verhalten altersgemäß, auffallend oder alarmierend ist. Die Einschätzung des Beobachters entscheidet über ein Förderprogramm oder eine Empfehlung für eine weitere Maßnahme.

Beurteilungsfehler — → Wahrnehmungsfehler.

Förderprogramm — gezielte Maßnahmen, um Kinder zu unterstützen, die Entwicklungsdefizite haben.

Merkmale:

- Lernprogramm für Kinder und Jugendliche mit besonderem Förderbedarf, z.B. in den Bereichen Sprache und Konfliktfähigkeit
- Voraussetzung: strukturierte Beobachtung, die Stärken und Schwächen des Kindes sucht
- Zeitlich begrenzter Rahmen
- Zielangabe
- Evaluation

Evaluation — hier: sach- und fachgerechte Bewertung des Erfolges z.B. eines Förderprogramms.

Kategorie: **Emotionen, Motivation, psychische Störungen**

Emotionen

Gefühle, Erregungszustände, die das Verhalten von Menschen steuern oder beeinflussen. Sie äußern sich

- physisch, z.B. durch Zittern, Schweißausbrüche, gesteigerte Blasen- und Darmtätigkeit.
- psychisch, z.B. durch Lust- und Unlustbekundungen wie Freude, Trauer, Angst, Wut und Zorn.

Entwicklung der Emotionen

Aus undifferenzierter Erregung im Neugeborenenalter entwickeln sich im 2. Lebensmonat Lust und Unlust. Ärger, Furcht und Weinen sind Begleiter der so genannten → Achtmonatsangst.

Im 2. Lebensjahr sind Emotionsäußerungen differenzierter, von Erwachsenen als Leid, Zorn, Überraschung usw. interpretiert.

Im späten Vorschulalter und während der Grundschulzeit entwickeln sich Schuldgefühle (moralische Entwicklung), die sich auf Sachen („ich habe etwas zerstört"), auf Personen („ich habe den Vater belogen") und auf sich selbst („ich habe masturbiert") beziehen.

Ab der Vorpubertät fahren die Gefühle Achterbahn und entziehen sich mitunter jeglicher Kontrolle („ich will nicht mehr leben").

Sympathie

Zuneigung durch z.B. hohes Maß an Übereinstimmung in der Art des Denkens, Erlebens und Fühlens.

Antipathie

Abneigung, Widerwille, im Gegensatz zu → Sympathie.

Empathie

Einfühlungsvermögen

Sensibilität

Empfindsamkeit

affektiv

von heftigen Gefühlsregungen bestimmt

labil

unausgeglichen

apathisch

gleichgültig, abgestumpft

Minderwertigkeitsgefühl	ein durch Vergleich mit anderen erlebtes Gefühl, weniger wert zu sein; kann zu → Persönlichkeitsstörungen führen.
Schuldgefühle	treten infolge von Fehlreaktionen, unerlaubten Verhaltensweisen oder Missachtung sozialer Normen auf (z. B. beim Lügen).
Urvertrauen	entwickelt sich nach ERIKSON in den ersten Lebensmonaten durch Bezugspersonen, die dem Kind Sicherheit und Geborgenheit vermitteln. Fehlendes oder mangelndes Urvertrauen kann zu Urmisstrauen führen und die emotionale und soziale Entwicklung negativ beeinflussen.
Angst	lat.: angustus = eng; ein mit Beengung, Erregung und Verzweiflung verknüpftes Lebensgefühl. Angst ist nicht objektbezogen, sie richtet sich auf nichts Bestimmtes.
Trennungsangst	Angst des Kindes vor dem Verlust einer geliebten Bezugsperson.
Achtmonatsangst	tritt ein, sobald der Säugling mit Sicherheit zwischen der primären Bezugsperson und einer fremden Person zu unterscheiden vermag. Im Durchschnitt ist dies mit 8 Monaten der Fall, daher der Name.
Furcht	ist objektbezogen und bezieht sich auf eine Bedrohung (z. B. auf den Hund des Nachbarn).
Phobie	eine übersteigerte, krankhafte, irrationale Furcht, z. B. Agoraphobie = Platzangst.
Stress	engl.: Druck. Reaktion eines Menschen, die durch äußeren und inneren Druck entsteht.
Stressoren	Ereignisse, die einem Menschen neue Anpassungsleistungen abverlangen (z. B. der Tod eines nahen Angehörigen).
Stressbewältigung	→ Coping
Aggression	absichtsvoll eingesetzte schädigende Verhaltensweisen, die gegen Menschen, Tiere oder Sachen gerichtet sind.
Autoaggression	Aggression, die sich gegen die eigene Person richtet.
Gewalt	extreme Form der Aggression, die gesellschaftlich nicht akzeptiert wird.

Frustration	Enttäuschung
Frustrationstoleranz	die Fähigkeit, Enttäuschungen ertragen zu können
Aggressionstheorien	
Trieb/Instinkttheorien	danach ist die Aggression ein angeborener Trieb, der nach Entladung sucht und häufig „überkocht" (Dampfkesseltheorie).
Frustrations-Aggressions-Theorie	Aggressionen werden durch Frustration ausgelöst.
Kognitive Bewertungstheorie	danach kann der denkende Mensch komplexe Prozesse bewerten und einordnen; so muss Frustration nicht zwangsläufig zu Aggression führen.
Lerntheoretische Ansätze	Aggressionen werden wie andere Verhaltensweisen gelernt, zum Beispiel durch Lernen am Erfolg: merkt ein Kind, das es sich erfolgreich mit Aggressionen durchsetzen kann, wird es das Verhalten in ähnlichen Situationen wiederholen. Beim Lernen durch Beobachten (→ Modelllernen) wird gelernt, was bei anderen gesehen bzw. gehört wird. Zahlreiche Untersuchungen belegen heute den Zusammenhang von Gewaltdarstellungen in den Medien und dem Anstieg von Aggressionen im Kindes- und Jugendalter.

Motivationen

Motiv	lat.: motivum = Beweggrund. Motive führen zur → Motivation.
Bedürfnis, Trieb	synonyme, durch den Sprachwandel weniger gebräuchliche Begriffe für Motiv.
Antriebsmotive, Primärmotive	Bedürfnis, einen homöostatischen Zustand (physiologische Gleichlage) zu erreichen. Antriebsbefriedigung erfolgt z. B. durch Aufnahme von Nahrung, Sauerstoff oder durch Körperschutz (Kleidung).
Anreizmotive	sie erreichen unsere Aufmerksamkeit insbesondere durch Interessenwahrnehmung.
• Interesse	lat.: inter esse = dabei, dazwischen sein; drückt aus, dass ein Individuum bestimmten Dingen der Umwelt gezielte Aufmerksamkeit schenkt

Handlungsmotive — beinhalten einfache bis komplexe Tätigkeiten. Kinder im 1. Lebensjahr lassen sich primär von Impulshandlungen leiten (z.B. Wegwerfen eines Bauklotzes). Im Vorschulalter sind die Handlungen bereits zielgerichtet und geplant (z.B. → werkschaffendes Spiel).

Sozialmotive — Bedürfnis nach Gruppenzugehörigkeit (z.B. Kindergartengruppe), nach sozialer Anerkennung.

Motivation — damit beschreiben wir, was einem Menschen die Energie zu seinem Tun verleiht und was die Ausrichtung seiner Tätigkeit bestimmt. Handlungs- und Lernbereitschaft können im Zusammenhang mit Bedürfnisbefriedigung aus dem Verhalten erschlossen werden.

Motivationsvariablen — Verhalten (V) hängt von der Person (P) selbst und der Umwelt (U) ab. Die drei Variablen beeinflussen sich gegenseitig.

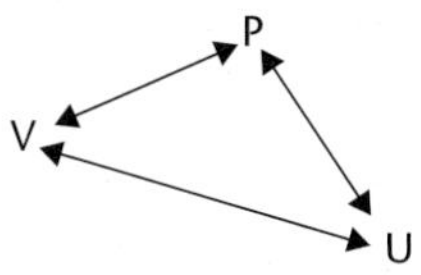

Persönlichkeitsvariablen — zum Beispiel Leistungsbedürfnis (Motivation durch erlebten Erfolg/Misserfolg, Gefallen am anderen Geschlecht, Machthunger).

Umweltvariablen — zum Beispiel Belohnung, soziale Anerkennung.

Intrinsische Motivation — Motivation scheint nicht nur durch Umweltvariablen beeinflussbar. Eine Art der Motivation, die ohne Verstärkung von außen auskommt, wird als intrinsische Motivation bezeichnet. Sie entsteht beispielsweise aus einer Arbeit bzw. Tätigkeit heraus, die selbst als belohnend erlebt wird aufgrund ihrer „innewohnenden" Anreize.

Flow-Erlebnis — Zustand des „Fließens"; umfassendes Gefühl des Aufgehens in einer Tätigkeit; Voraussetzung: klare Handlungsstruktur. Der Handelnde, z.B. das aufgabenwillige Vorschulkind, muss ein Ziel erkennen können. Vermutlich sind Computerspiele bei Jugendlichen so beliebt, da sie eindeutig Flow-Erlebnisse vermitteln. Durch Rückmeldungen wird den Jugendlichen Klarheit über ihr Handeln gegeben.

Leistungsmotivation	Kinder entdecken bereits mit ca. 3,5 Jahren Wettbewerbssituationen, d.h. sie erkennen, dass sie eine Aufgabe besser oder schlechter bewältigen als andere. Die erfolgreiche Lösung wird auf die eigene Tüchtigkeit zurückgeführt. Es entwickelt sich beim Kind Hoffnung auf Erfolg – Furcht vor Misserfolg.
Anspruchsniveau	selbstgesetzter Maßstab persönlicher Leistungsbereitschaft.

Psychische Störungen

Verhalten	auf Lebewesen bezogen jede Form der Lebensäußerung, schließt also Erlebnisvorgänge, physiologische Erscheinungen, Bewegungs- und Sprachverhalten ein.
prosoziales Verhalten	helfendes, kooperatives Verhalten.
Symptom	Anzeichen, Merkmal
Syndrom	mehrere Anzeichen bzw. Merkmale in einer typischen Zusammensetzung.
Etikettierung	Zuschreibung des Verhaltens wie z.B. gestört, abnormal.
Stigmatisierung	griech.: stigma = Zeichen; Zuordnung und Ablehnung eines Menschen aufgrund eines Merkmals, das in der Gesellschaft als negativ gilt (z.B. Stottern).
Verhaltensauffälligkeit	Der Begriff verzichtet auf Etikettierungen, er weist darauf hin, dass ein Verhalten auffällig (ungewöhnlich, bedrohlich), also außerhalb der bisherigen Erfahrungen bzw. Erwartungen liegt. Der Situationsbezug, z.B. wo zeigen sich Verhaltensauffälligkeiten (etwa im Kindergarten, aber nicht in der Familie) und mit wem zeigen sie sich (z.B. mit dem Gruppenführer) ist für die Beurteilung wichtig. Verhaltensauffälligkeiten, die länger als 6 Monate andauern, sind in der Regel behandlungsbedürftig.
Entstehung von Verhaltensauffälligkeiten	**Psychoanalyse:** Nach psychoanalytischer Lehrmeinung ist der Mensch ein Produkt frühkindlicher, konfliktbehafteter und krankhaft verarbeiteter Erlebnisse, die für Verhaltensauffälligkeiten verantwortlich sind. **Verhaltenstherapie:** Die Verhaltenstherapie geht davon aus, dass auffälliges Verhalten in derselben

Weise gelernt wird wie „normales" Verhalten; → Verhaltensmodifikation.

Norm

statistische Norm: Normal ist, was besonders häufig vorkommt (nach Durchschnittsberechnung).

ideale Norm: Erwartung an das Individuum, ein bestimmtes Verhalten zu zeigen oder Ziele zu erfüllen, die von einer Gruppe oder Gesellschaft gewünscht werden.

Verhaltensstörung: belasteter Begriff, der sehr normorientiert und wertend Verhalten beurteilt, heute in der Psychologie und der Pädagogik durch den Begriff → Verhaltensauffälligkeit ersetzt. Die → ICD-10 benutzt in der englischen Version den Begriff „mental disorder" in der deutschen Fassung „Psychische Störungen und Verhaltensstörungen". Insofern wird der Begriff Störung international benutzt.

ICD-10: „International Classification of Diseases". 10. Fassung von 1998; Klassifikationssystem aller Krankheiten und Behinderungen, Copyright der Weltgesundheitsbehörde; Zweck: Grundlage von Statistiken oder der Genehmigung von Maßnahmen, auch um die (internationale) Verständigung zwischen Ärzten, Psychologen, Therapeuten, Pädagogen zu ermöglichen.

Psychische Störung: Emotionen, Denken u.a. beeinträchtigen einen Betroffenen in seinem Verhalten so stark, dass er nicht wie andere Menschen am Alltagsleben teilnehmen kann.

Psychosen: Seelische Erkrankungen.
- Exogene Psychosen: Ursachen sind feststellbare krankhafte organische Veränderungen.
- Endogene Psychosen: Körperlich bis heute nicht eindeutig begründbare Krankheiten.

Persönlichkeitsstörungen: meist länger bestehende abweichende Verhaltensmuster, die eine Person prägen und oft im Kindes- oder Jugendalter auftreten.

emotionale Persönlichkeitsstörungen: im Wesentlichen in 2 verschiedenen Ausprägungen:
1. übersteigertes, impulsives, oft launisches Verhalten, das nach Entladung sucht (→ Aggression).
2. missmutiges, in sich gekehrtes, durch Einsamkeit und Leere gekennzeichnetes Verhalten.

• Depression	tiefgreifende Form der Gefühlsstörung, die sich u. a. durch Interessenverlust, geringes Selbstwertgefühl, Grübelei, psychomotorische Hemmung bis zum → Suizid entwickeln kann.
soziale Persönlichkeitsstörungen	Störung des Sozialverhaltens.
• dissoziales Verhalten:	Störung mit Norm- und Rechtsverletzungen, die wiederholt auftreten (z. B. Schuleschwänzen, Bandenkriminalität, Tyrannisieren von Mitschülern)
• Verwahrlosung	Alltagsbegriff für ein → Syndrom von emotionalen, sozialen, moralischen und anderen Anpassungsschwierigkeiten; oft verbunden mit Ungepflegtheit; von der Umwelt als störend wahrgenommen.

Essstörungen

Anorexia	Magersucht; zwanghaftes Aushungern des Körpers, oft mit Erbrechen verbunden.
• Anorexia nervosa	Pubertätsmagersucht; ist die Hauptform der Anorexia, tritt vorwiegend bei Mädchen auf.
• Bulimie	Ess-Erbrechen; durch Heißhunger werden größere Mengen von Speisen verschlungen, die nach ca. 1–2 Stunden durch erzwungenes Erbrechen oder Medikamente (z. B. Abführmittel) den Körper wieder verlassen. Im Gegensatz zu → Anorexia kommt Bulimie in allen Gewichtsklassen vor.

Begabungsstörungen, Lernstörungen

Diskalkulie	Rechenschwäche
Legasthenie	Lese- und Rechtschreibschwäche
Intelligenzschwäche	→ Intelligenzminderung

Störungen im Kindesalter

Deprivation	seelischer Mangelzustand von insbesondere Kindern im Säuglings- und Kleinkindalter infolge mangelnder oder fehlender emotionaler Zuwendung. Folge: fehlendes → Urvertrauen.
• Deprivationssyndrom	zeigt sich u. a. durch starke motorische Unruhe, depressive Stimmung; Entwicklungsverzögerung in al-

	len oder in einzelnen Bereichen, z.B. der Sprache, der emotionalen Entwicklung.
Hospitalismus	heute meist ersetzt durch den Begriff → Deprivation.
Aufmerksamkeits-Defizit-Syndrom (ADS)	kurze Aufmerksamkeitsspanne, Aufmerksamkeitsschwankungen oder extrem ruhiges Verhalten (träumen, abschalten); mit mindestens 6-monatiger Dauer und in mindestens 2 Lebensbereichen (z. B. Familie u. Schule).
Aufmerksamkeitsdefizitsyndrom mit Hyperaktivität (ADHS)	Kombination von kurzer Aufmerksamkeitsspanne, Impulsivität und hohem Bewegungsdrang, auch Rastlosigkeit im Denken: Häufig kommen Lern- und sozialemotionale Folgeprobleme hinzu, mindestens 6-monatige Dauer und in mindestens 2 Lebensbereichen.
Hyperkinetisches Syndrom (HKS)	1. veralteter Begriff für ADHS. 2. hoher Bewegungsdrang ohne Aufmerksamkeitsstörungen
Minimale cerebrale Dysfunktion (MCD)	leichte Hirnfunktionsstörung; veralteter Begriff für ADHS aus einer Zeit, als man einseitig körperliche Ursachen für ADHS verantwortlich machte.
Ticstörungen	unwillkürliche, sich wiederholende motorische Zuckungen (wie Grimassen schneiden, sich Ohrfeigen geben); sprachliche Tics können sich als Grunzen, Bellen u.a. äußern. Die meisten sind vorrübergehend, können jedoch nach ca. 6–12 Monaten chronisch werden.
Enkopresis	Einkoten, willkürlich oder unwillkürlich, ohne organischen Befund; wird auf Störungen des emotionalen oder sozialen Verhaltens zurückgeführt.
Enuresis	Einnässen; tagsüber und nachts, ohne organischen Befund; auf emotionale Störungen zurück zu führen.
Pavor nocturnus	nächtliches Aufschrecken, tritt insbesondere bei Kleinkindern infolge starker seelischer Spannungen, Ängste etc. auf.
Sexualstörungen	→ sexuelle Störungen
Suizid	Selbsttötung
Intervention	lat.: sich einmischen; psychologisches und/oder pädagogisches Eingreifen bei Störungen.

Verhaltensmodifikation

Verhaltensänderung. Das Ziel besteht darin, erwünschtes Verhalten auftreten zu lassen, zugleich soll unerwünschtes Verhalten weniger häufig auftreten.

Verhaltensmodifikation kann in 4 Schritten dargestellt werden:

1. Ist-Analyse: Wie äußert sich das auffällige Verhalten?
2. Zielformulierung: Was will ich erreichen?
3. Interventionsmaßnahme: Wie und womit kann ich das Verhalten ändern?
4. Erfolgskontrolle: Waren die Maßnahmen erfolgreich?

Verhaltensaufbauende Maßnahmen

positive Verstärkung, Modellernen usw.

Verhaltensabbauende Maßnahmen

Löschung, Bestrafung usw.

Shaping

Verhalten wird schrittweise verstärkt.

Regelpläne/Kontingenzverträge

Methoden der → Verhaltensmodifikation; Tages- und Wochenplan mit fest vereinbarten Pflichten und Regeln, deren Einhaltung kontrolliert und belohnt wird. Ein Regelplan ist ein Vertrag, der mit dem Kind geschlossen wird. Das Kind wird in die Planerstellung und die Kontrolle mit einbezogen. Ein Ziel ist die zunehmende Selbststeuerung des Kindes.

Spontanremission

Störungen verlieren sich ohne therapeutische, pädagogische etc. Hilfe.

Kategorie: **Intelligenz, Lernen, Gedächtnis**

Intelligenz
lat.: intellegere, intelligentia, intellectus = Einsehen, Verstehen, Verstand. Intelligenz ist ein Bestandteil der Persönlichkeit und hat einen wichtigen Einfluss auf die Entwicklung; heute allgemein als Fähigkeit verstanden, komplexe Sachverhalte kognitiv, sozial und emotional in bestimmten Situationen zu bewältigen.

Intelligenzprofil
wird erstellt aus verschiedenen Intelligenzfaktoren, z. B. Sprachausdruck, räumliches Vorstellen, Gedächtnisleistung; die Messwerte dieser einzelnen Faktoren werden in einem Profil dargestellt, aus dem die Stärken und Schwächen zu erkennen sind.

Entwicklungsalter (EA)
Entwicklungsstand eines Kindes bezogen auf die durchschnittliche Entwicklung von gleichaltrigen Kindern.

Intelligenzalter (IA)
Maß für den intellektuellen Entwicklungsstand eines Kindes im Verhältnis Lebensalter (LA) zum Entwicklungsalter (EA).

Päd. Relevanz: Ist das Kind seiner Altersgruppe über- bzw. unterlegen?

Intelligenzquotient (IQ)
misst die intellektuelle Leistungsfähigkeit durch Intelligenztests. Ein IQ von 100 gilt als durchschnittlich, über 140 als extrem hoch, unter 70 als extrem niedrig.

Berechnung des IQ: IA/LA · 100 (LA = Lebensalter).

Intelligenztests
standardisierte Messinstrumente zur Erfassung der Intelligenz oder einzelner Intelligenzprofile. Intelligenztests sind häufig Grundlage für eine pädagogische Diagnostik.

Intelligenztraining
eher unscharfe Bezeichnung von Maßnahmen zur Förderung intellektueller Fähigkeiten.

Begabung
Die Summe aller Lernfähigkeiten eines Menschen: intellektuell, künstlerisch, sportlich etc. Begünsti-

gend wirken sich dabei Fähigkeiten wie Motivation, Ausdauer und Interesse auf erfolgreiches Lernen aus.

Hochbegabung — neben einem hohen IQ von 130 sind wesentliche Kennzeichen: überdurchschnittlich hohes Entwicklungsniveau, Motivation und Energie, Anstrengungsbereitschaft, hohe Lerngeschwindigkeit, Abstraktionsfähigkeit.

Lernbehinderung — Teilleistungsschwäche im kognitiven Bereich; Vorstufe der leichten geistigen Behinderung → Lernstörungen.

Intelligenzminderung — Einschränkung der kognitiven Leistungsfähigkeit, bestimmt nach → ICD-10:

Oligophrenie — Oberbegriff für alle geistigen Behinderungen; wird heute nur noch im medizinischen Zusammenhang verwendet

Debilität — leichte Intelligenzminderung; IQ-Wert 50–69. Der Ausdruck wird heute nur noch selten und meist im medizinischen Zusammenhang verwendet.

Imbezillität —

- Mittelgradige Intelligenzminderung; IQ-Wert 35–49.
- Schwere Intelligenzminderung; IQ-Wert 20–34.

Idiotie — nicht mehr zeitgemäßer Fachbegriff für schwerste Intelligenzminderung; IQ-Wert unter 20. Der Ausdruck wird heute nicht mehr verwendet, da er umgangssprachlich abwertend benutzt wird.

Idiot Savant — herausragende Fähigkeit auf einem Gebiet, z.B. Musikalität oder Zeichenfähigkeit bei bestehender geistiger Behinderung.

Demenz — lat.: dementia = Wahnsinn; irreparable Hirnschädigung, fortschreitender Abbau kognitiver Fähigkeiten.

Lernen

Lernpsychologie — erforscht die Bedingungen, unter denen Menschen und Tiere optimal lernen; nach heutigen Erkenntnissen begünstigt aktives Lernen (Selbsttun) den Lernprozess von Kindern im Vorschulalter entscheidend.

Lernen	ist erfahrungsbedingt, verhaltensändernd und nicht direkt beobachtbar. Ausgangsverhalten ⟶ Lernen ⟶ Endverhalten ⟶ Verhaltensänderung.
Merkmale	Aneignung von Wissen, Anpassung an neue Situationen, Begreifen und Verstehen, Schließen einer Lernlücke, Nachahmung, Veränderung, Vorbereitung auf Zukünftiges, Übung u.a.
Konditionierungen	
klassische Konditionierung	Bedingungslernen, bewirkt reflektorisches Lernen durch Signale.
intrumentelle/operante Konditionierung	bewirkt Lernen aus Konsequenzen; nach einer erwünschten Reaktion (Verhaltensweise) erhält das Kind eine → Verstärkung.
Verstärkung	Einsatz von Erziehungsmitteln, die die Auftretenswahrscheinlichkeit einer Verhaltensweise beeinflussen.
• positve Verstärkung	Belohnung; z.B. materiell durch Süßigkeiten, Geld; erhöhen die Auftretenswahrscheinlichkeit des erwünschten Verhaltens.
• negative Verstärkung	Verhaltensweisen, die auf Vermeidungsreaktionen zielen, z.B. Strafen, Entzug von Spielsachen.
• partielle Verstärkung	Das Verhalten wird nicht jedes Mal, sondern nur gelegentlich verstärkt.
Generalisierung	Der bedingte Reiz kann bei einem ähnlichen Reiz die gleiche Reaktion auslösen (z.B. ein vom Hund gebissenes Kind kann seine Furcht auf alle Hunde übertragen).
Löschung, Extinktion	erfolgt, wenn der konditionierte Reiz mit dem unkonditionierten Reiz nicht mehr zusammen auftritt.
Trial and error	Versuch und Irrtum.
Versuch- und Irrtumslernen	Der Lernerfolg stellt sich ein, nachdem die richtige Wahl getroffen wurde (z.B. Kind drückt auf verschiedene Schalter, bis das Radio spielt).
Regellernen	im Vorschulalter wichtig, um „Gewöhnungsprozesse" in Gang zu setzen (z.B. Vor dem Essen waschen wir uns die Hände).

Lernen durch Einsicht denkendes, vorstellendes Lernen. Die Lösung einer bestimmten Aufgabenstellung wird erkannt; neue Regeln entstehen durch Anwendung und Kombination schon bekannter Regeln (z. B. die Regeln für den Aufbau eines zweidimensionalen Puzzles sind bekannt und fließen beim dreidimensionalen Aufbau ein).

Modelllernen, Imitationslernen, Beobachtungslernen Übernahme der Verhaltensweisen bestimmter Personen („Modelle“). Das Verhalten von Modellen wird eher übernommen, wenn es beliebt ist, einen hohen Status hat oder für Handlungen (auch negative) verstärkt wird.

Soziales Lernen Oberbegriff für das Lernen sozialer Verhaltensweisen, insbesondere durch → Modelllernen mit dem Ziel → Sozialkompetenz zu erlangen.

Script hier: prozedurales Wissen über die Struktur von Handlungen (z. B. Faltvorgang eines Papierschiffes, Betanken eines Autos) erwerben.

Gedächtnis Fähigkeit zum Speichern, Aufbewahren und Abrufen von Informationen, die zu Verhaltensentscheidungen führen.

sensorisches Gedächtnis, Ultrakurzzeitgedächtnis filtert in sehr kurzer Zeit aus einströmenden Reizen Merkmale aus, die für die Erkennung von Personen, Gegenständen usw. nötig sind.

Kurzzeitgedächtnis hier werden Informationen bewusst verarbeitet, deshalb auch als Arbeitsgedächtnis bezeichnet. Die hierzu nötigen Informationen können sowohl aus dem → Ultrakurzzeitgedächtnis wie auch aus dem → Langzeitgedächtnis übermittelt werden.

Langzeitgedächtnis besteht aus dem gesamten Wissen, den Erfahrungen sowie dem Selbstwissen eines Individuums. Dabei sind viele Inhalte miteinander verknüpft (z. B. die Sonne wärmt die Luft, kann aber auch zum Sonnenbrand führen) und bilden somit ein Netzwerk.

prozedurales Gedächtnis verhaltensmäßiges Gedächtnis für bestimmte Fertigkeiten (z. B. Abfolge bestimmter Arbeitstechniken im Kindergarten).

semantisches Gedächtnis Gedächtnis für Bedeutungsinhalte von Begriffen, Wörtern und Sätzen.

episodisches Gedächtnis	erlebnisorientiertes Gedächtnis; hier sind persönliche Erinnerungen und Erfahrungen sowie die eigene Lerngeschichte eingelagert.
Gedächtnisspanne	damit wird die Wiedergabekapazität des → sensorischen Gedächtnisses bezeichnet. Die Gedächtnisspanne beschränkt sich bei Vorschulkindern auf ca. 3–5 Wörter.
Gedächtnisstrategien	zielen auf Maßnahmen zur Verbesserung der Gedächtnisleistungen, die das spätere Abrufen begünstigen, z. B. durch Wiederholen des Lernstoffes oder das Umgruppieren wesentlicher Lerninhalte auf einem Spickzettel.
Amnesie	Gedächtnisausfall.

Kategorie: **Jugendalter**

Adoleszenz → Jugendalter.

Jugendalter In den Erziehungswissenschaften umfasst das Jugendalter einen nicht genau umrissenen Abschnitt im menschlichen Lebenslauf vom etwa 11.–25. Lebensjahr. Es ist im Vergleich zu früher ein immer weiter ausgedehnter Lebensabschnitt mit Freiräumen zur individuellen Lebensgestaltung nicht nur ein „Übergang" zum Erwachsenenalter. Das Jugendalter ist heute gekennzeichnet durch:

1. liberale Einstellung von Eltern über Erziehung, oft mit der Einschätzung, dass ihre Kinder sonst selbst ihre Freiräume schaffen,
2. den früher einsetzenden Übergang vom Kind zum Jugendlichen, bei gleichzeitiger Verlängerung des Jugendalters durch qualifizierte Ausbildung (Beruf, Studium),
3. die wirtschaftliche Macht Jugendlicher, die ein anspruchsvolles Lebenskonzept (→Jugendkulturen, → Jugendstile) erst ermöglicht.

Das Jugendalter wird nach OERTER gegliedert in:

Vorpubertät — Die Zeit zwischen dem Ende der Kindheit und dem Auftreten sekundärer Geschlechtsmerkmale (ca. 10.–12. Lbj.); der puberale Wachstumsschub fällt in dieses Alter.

Transeszenz — Periode der biologischen und psychischen Umwandlung (ca. 12.–14. Lbj.). Jugendliche gewinnen ein anderes Bild von sich und von ihrem Körper.

• Pubertät — umgangssprachlich für die körperliche Entwicklung in der →Transeszenz. Sie setzt bei Mädchen ca. 2 Jahre früher ein als bei Jungen. Die körperliche Entwicklung umfasst bei

Jungen: insbesondere Muskelwachstum, Wachstum der Geschlechtsorgane, Auftreten sekundärer Behaarung.

	Mädchen: insbesondere Menstruation, breitere Hüften durch Fettablagerung, Brustbildung. Im sozialen Bereich kommt es zu Ablösetendenzen von den Eltern zu Gunsten der attraktiveren → peer group. Die psychische Seite der Periode ist durch erhöhte Verletzlichkeit und verstärkte Bewältigungsanforderungen gekennzeichnet. Abweichendes Verhalten (Drogen-, Alkohol- und Nikotinmissbrauch, frühe Formen der →Jugendkriminalität, Schulprobleme usw.) wird häufiger. Die Jugendlichen streben nach mehr Eigenverantwortung.
frühe Adoleszenz	Die Periode (14.–18. Lbj.) ist primär durch soziale Entwicklungsfaktoren gekennzeichnet (z.B. Besuch weiterführender Schulen, Berufsausbildung). Für die spätere Erwachsenenrolle werden bereits in diesem Zeitabschnitt die Weichen gestellt.
späte Adoleszenz	wird altersmäßig mit dem juristischen Begriff „Heranwachsender" (18.–21. Lbj.) gleich gesetzt. In dieser Periode steigt die Zahl der Aufgaben und Verpflichtungen, die angenommen oder abgelehnt werden können (z.B. Wehrdienst, Zivildienst, Abschluss der Lehre oder Schule, Wahlmündigkeit).
junge Erwachsene	diese (21.–25. Lbj.) befinden sich häufig noch in der Berufsausbildung oder im Studium. Sie haben Rechte und Pflichten wie Erwachsene (z.B. Wählbarkeit), sind aber häufig noch wirtschaftlich abhängig von den Eltern.
Entwicklungsaufgaben	nach HAVIGHURST Anforderungen, die in einem bestimmten Lebensabschnitt zu erfüllen sind. Im Jugendalter ist dies z.B. die Übernahme der Geschlechtsrolle oder die Vorbereitung auf den Beruf.
Coping	Bewältigungsstrategien Jugendlicher bei Belastung oder Krankheit im körperlichen und/oder seelischen Bereich. Als erfolgsversprechendes Coping werden Gespräche mit Fachleuten oder Freunden sowie auch die Aufarbeitung von Problemen in Selbsthilfegruppen angesehen.
Defending	Vermeidens- bzw. Abwehrstrategien, die sich z.B. als Resignation niederschlagen („Ich schlucke meine Probleme hinunter") bis hin zum Missbrauch von Alkohol, Drogen, Psychopharmaka.

Identität

Allgemein: Einzigartige Kombination von unverwechselbaren Daten und Merkmalen eines Menschen wie z. B. Name, Vorname, Geburtsdatum, Geschlecht, Hautfarbe.

Psychologisch: Ein Individuum mit einem „Bild von sich" (→ Selbstbild), verbunden mit dem Bild, das andere von ihm haben (→ Fremdbild).

Identitätsfindung

darunter wird die Übernahme der biologischen und psychosozialen Rolle verstanden. Das bewusste Erlebnis der Ich-Identität ist nach ERIKSON „ein Gefühl des In-seinem-Körper-zu-Hause-Seins, ein Wissen, wohin man geht und die Sicherheit der Anerkennung derer, auf deren Urteil man Wert legt". Identitätsfindung verläuft, nachdem sie bewusst reflektiert wird, von „außen nach innen". Jugendliche stellen sich in diesem Zusammenhang drei Fragen:

1. subjektive Identität: „Wie bin ich?"
2. optative Identität: „Wie möchte ich sein?"
3. zugeschriebene Identität: „Für wen hält man mich?"

Die Identitätsfindung ist abhängig von Vorbildern und Leitbildern.

Vorbilder

Ausrichtung nach Personen, denen man nacheifern möchte.

Leitbilder

Ausrichtung nach bestimmten Werten.

peer-group

Gruppe von Gleichaltrigen (Clique), in der Kinder und Jugendliche Orientierung, Geborgenheit und Identifikationsmöglichkeiten suchen sowie Fähigkeiten und soziale Verhaltensweisen erproben. Der Anpassungs- und Gruppendruck kann für den einzelnen enorm sein, insbesondere im Alter von 12–14 Jahren.

Jugendkulturen, Subkulturen

Die unterschiedlichen Jugendkulturen kennzeichnet:

1. ein gruppenspezifisches Orientierungs- und Normensystem,
2. den von der → peer-group als gültig angesehenen Lebensstil.

Jugendkulturen, die nach dem II. Weltkrieg als Massenphänomen großen Einfluss hatten, waren die „Rock and Roller" (Elvis Presley, Bill Haley), die „Love Generation" (Hippie-Bewegung) in den 60er Jahren und die Studentenbewegung bis Anfang der 70er Jahre. Sie erfassten jeweils die Mehrheit der Jugendlichen als relativ einheitliche Bewegungen, die zeitlich aufeinander folgten. Wer jung und „dagegen" war, trug Jeans und lange Haare. Gegenwärtig verlaufen die Jugendkulturen mit verwirrender Schnelligkeit nebeneinander (z.B. Skater, Raver, Punks, Rapper, Snowboarder).

Jugendstile, Lebensstile wie wir sie heute kennen, gibt es erst seit ca. 50 Jahren. Es sind Schöpfungen jugendlicher Subkulturen und bringen deren Wertvorstellungen über Outfits, Sprache (→ Jugendsprache), Musik, → Graffitis, Piercing, Tattoos usw. zum Ausdruck, oft als Opposition, Protest oder Rebellion gegen die Erwachsenenwelt.

Jugendsprache enthält Wortschöpfungen wie z.B. „ultrakrass" oder Anglizismen wie „cool", „easy" usw., auch in Steigerungsformen wie „megacool".

Graffiti bizarre Schrift- und Zeichenformen, ursprünglich zur Kennzeichnung der „eigenen Territorien" schwarzer Jugendlicher z.B. der South Bronx in New York.

Jugendsexualität → Sexualität.

Jugendzeitschriften im kommerziellen Bereich schrill aufgemachte, „trendige und kultige Blätter", die für Kinder von ca. 9–16 Jahren Lebensabschnittsbegleiter sind und somit als Miterzieher neben peer-group, Eltern und Schule gelten.

Jugendzeitschriften gelingt es, auf unterschiedlichem Niveau und mit ständig wiederkehrenden Themen wie Starkult, Sexualität, Mode, Musik usw. nahezu alle Jugendlichen in Deutschland zu erreichen.

BRAVO als Marktführer in Europa hat neben dem Basisblatt das geschlechtsspezifisch ausgerichtete BRAVO GIRL und die interessenspezifisch ausgerichteten Ableger BRAVO SPORT und BRAVO SCREEN FUN.

Jugendkriminalität, Jugenddelinquenz ein im strafrechtlichen Sinne abweichendes Verhalten von Jugendlichen zwischen dem 14. und dem noch nicht vollendeten 18. Lebensjahr. Der Anteil der Jungtäter (unter 21 Jahren) stieg von 1990 (26,4 %) bis 1998 (29,8 %) an. Jugendgerichte stellen heute erzieherische Maßnahmen vor Strafe und Sühnen (insbesondere bei Ersttätern).

Jugendgerichtshilfe

ist die im KJHG und Jugendgerichtsgesetz vorgeschriebene Beteiligung eines Vertreters des Jugendamtes oder eines freien Trägers bei jedem Verfahren vor dem Jugendgericht. Aufgaben: Betreuung von Jugendlichen während des Verfahrens, Darstellung der Lebensgeschichte und seiner aktuellen psychosozialen Lage.

Kategorie: **Sexualität**

Sexualität	Geschlechtlichkeit. Ziele der Sexualität sind: 1. Zeugung von Kindern, 2. partnerschaftliche Bindung und Beziehung, 3. Lustgewinn. Definition nach WHO (1994): „Menschliche Sexualität ist ein natürlicher Teil der menschlichen Entwicklung in jeder Phase des Lebens und umfasst physische, psychologische und soziale Komponenten".
Sexualpädagogik	Teilbereich der Erziehungswissenschaften; Erstellung möglichst ganzheitlicher (anthropologisch, medizinisch, psychologisch, soziologisch) didaktischer Konzeptionen im schulischen und außerschulischen (z.B. Elternarbeit) Bereich.
Sexualpsychologie	Teilbereich der Psychologie, der das sexuelle Verhalten und Erleben des Menschen (auch → sexuelle Störungen) untersucht.
Sexualaufklärung, sexuelle Aufklärung	seit 1992 durch das Schwangeren- und Familienhilfegesetz (SFHG) als öffentliche Aufgabe bestimmt. Nach gesetzlicher Vorgabe geht Sexualaufklärung über eine rein biologische Wissensvermittlung hinaus, sie muss zudem sozial-emotionale Aspekte von Sexualität vermitteln, verschiedene Alters- und Zielgruppen ansprechen (z. B. Vorschulkinder, homosexuelle Jugendliche) sowie deren spezifische Lebensstile und Werthaltungen berücksichtigen.
Sexualentwicklung	sexuelle Wünsche erwachen in spielerischer Form bereits im Säuglingsalter. Im Vorschulalter ist → Masturbation nicht selten (auch in so genannten „Doktorspielen" oft erkennbar). Während der Pubertät dient Masturbation als „Ersatzhandlung" der Spannungsabfuhr.
orale Phase	Mundzone, Befriedigung durch Berühren mit dem Mund (Bildung des → Urvertrauens).

anale Phase	Lustgewinn in Verbindung mit Ausscheidungen; der soziale Aspekt bezieht sich auf Hergeben, Freude machen, Ausscheidung verweigern. Das Kind entdeckt sich und seine Macht (Autonomiealter).
genitale Phase, phallische Phase	Befriedigung durch Berühren der Sexualorgane. Kinder entdecken ihre Geschlechtszugehörigkeit.
• Ödipuskonflikt	Kinder entwickeln eine starke Beziehung zum andersgeschlechtlichen Elternteil.
Latenzphase	nach FREUD Zeitabschnitt (ca. 6.–11. Lbj.), in dem Kinder verringertes sexuelles Interesse zeigen.
Geschlechtsidentität	bewusstes Erleben, Mann oder Frau zu sein.
Geschlechtsidentitätsstörungen	
Transvestismus	Neigung, durch gegengeschlechtliche Kleidung (zeitweise) die andere Geschlechtszugehörigkeit zu erleben.
Transsexualismus	Identifikation mit dem jeweils anderen Geschlecht. Eine Geschlechtumwandlung erfolgt durch chirurgische, plastische und kosmetische Operationen und hormonelle Behandlung.
Jugendsexualität	Mit der Vollendung des 16. Lebensjahres beginnt die sexuelle Selbstbestimmung Jugendlicher, die in den letzten Jahrzehnten gesellschaftlich zunehmend akzeptiert wird. Jugendliche werden heute früher sexuell aktiv (Küssen, Petting, Koitus) und geben als Motive u.a. Liebe, Neugierde und Erwachsenwerden an. Koituserfahrungen hatten nach einer Emnid-Untersuchung 1998 54 % der Jungen und 60 % der Mädchen im Alter von 16 Jahren.
Libido	Lust, sexuelles Erregungspotential.
Narzissmus	krankhafte Selbstliebe.
erogene Zonen	sexuell besonders stimulierbare Körperregionen.
Orgasmus	Höhepunkt beim Geschlechtsverkehr.
Pollution	nächtlicher Samenerguss vor allem im Jugendalter.
safer sex	Die Infektionsübertragung (z.B. HIV) beim Vaginal- und Analverkehr soll insbesondere durch Kondome verhindert werden.
coming-out	hier: sich öffentlich als homosexuell bekennen.

Sexuelle Präferenzen	bevorzugte Ausdrucksformen der Sexualität
necking	eingeschränkte sexuelle Stimulierung oberhalb der Gürtellinie.
petting	umfassende sexuelle Stimulierung ohne Geschlechtsverkehr.
Masturbation, Onanie	Selbstbefriedigung.
Koitus	Geschlechtsverkehr.
Promiskuität	häufig wechselnde Geschlechtspartner (HWG).
Heterosexualität	sexuelle Ausrichtung zum anderen Geschlecht.
Homosexualität	sexuelle Ausrichtung zum eigenen Geschlecht.
Bisexualität	sexuelle Ausrichtung zu beiden Geschlechtern.
Cunnilingus	sexuelle Stimulierung von Frauen an Scheide, Venuslippen und Klitoris mit Lippen und Zunge.
Fellatio	Stimulierung des Gliedes mit Mund und Zunge.
pervers	abartig, heute durch den Begriff → sexuelle Störung ersetzt.
Kindersextourismus	sexuelle Ausbeutung und Erniedrigung von Kindern meist in ärmeren Ländern, von den Tätern als Urlaub getarnt.
Kinderpornografie	Darstellung des kindlichen Körpers in erzwungenen sexuellen Handlungen auf Bildern, Filmen, Schriften.
Sexuelle Störungen	Auswahl:
funktionell abweichende	Vaginismus (Scheidenkrampf), Erektionsstörungen.
Fetischismus	sexuelle Wünsche weichen vom genitalen Sexualverkehr ab; Ziel der sexuellen Begierde sind z. B. Kleidungsstücke.
Exhibitionismus	sexuelle Erregung durch Entblößung des eigenen Körpers vor Menschen.
Voyeurismus	frz.: voir = sehen; sexuelle Schaulust, z. B. beim Koitus.
Masochismus	sexuelle Erregung durch Erdulden von psychischem und physischem Leid (Erniedrigung, Körperstrafen).
Sadismus	sexuelle Erregung durch Zufügung von psychischem und physischem Leid.

Pädophilie	sexuelle Neigung Erwachsener zu Jungen und Mädchen im Kindes- und Jugendalter.
Päderastie	Knabenliebe.
Inzest	geschlechtliche Beziehung zwischen nahen Verwandten.
sexuelle Gewalt, Missbrauch	nach §§ 174 bis 179 StGB strafbarer Tatbestand zum Schutze der sexuellen Selbstbestimmung von Kindern und Jugendlichen beiderlei Geschlechts.
Sodomie	Geschlechtsverkehr mit Tieren.

Kategorie: **Heilpädagogik**

Behindertenpädagogik	befasst sich (generell oder bezogen auf eine Behinderungsart) forschend, beschreibend und aufklärend u.a. mit: • der Stellung der Behinderten in der Gesellschaft (z.B. soziale Lage, rechtliche Lage, Familiensituation), • dem System und den Inhalten der Betreuung, Förderung und Bildung (Beratungs- und Hilfesysteme, Schule, sonstige Institutionen) • ethischen Fragen und Zielsetzungen und liefert damit theoretische Grundlagen für die praktische Arbeit mit behinderten Menschen und sorgt darüber hinaus für eine ständige Weiterentwicklung.
Bereiche der Behindertenpädagogik	• Geistigbehindertenpädagogik • Körperbehindertenpädagogik • Lernbehindertenpädagogik • Schwerhörigenpädagogik • Sehbehindertenpädagogik • Sprachbehindertenpädagogik
Heilpädagogik	in Deutschland eher bezogen auf die therapeutische Arbeit mit psychisch beeinträchtigten Kindern oder die Arbeit mit geistig behinderten Kindern; in der Schweiz und in Österreich wird der Begriff der Heilpädagogik gleichbedeutend mit unserem Begriff → Behindertenpädagogik benutzt.
Sonderpädagogik	umfasst insbesondere die schulische Betreuung, Erziehung und Bildung; der Begriff drückt die besondere Beachtung und Förderung der Kinder mit einer Behinderung aus.
Defektologie	in ehemals sozialistischen Staaten benutzter Begriff für das (wissenschaftliche) Befassen mit Behinderungen.
Behinderung	Funktionsbeeinträchtigung in den Bereichen: Wahrnehmung, Denken, Sprache, Verhalten, Lernen und

	Bewegung als Folge einer Schädigung vor, während oder nach der Geburt.
pränatal	vorgeburtlich.
perinatal	griech.: peri = um, herum; um die Geburt herum: 29. Schwangerschaftswoche bis 7. Lebenstag.
postnatal	nachgeburtlich.
primäre Behinderung	zum Beispiel Gaumenspalte.
sekundäre Behinderung	Behinderung als Folge einer → primären Behinderung, z.B. Sprach- und Sprechstörungen als Folge einer Rachenspalte.
Folgebehinderung	→ sekundäre Behinderung.
Mehrfachbehinderung	Kombination von mehreren Schäden bzw. Beeinträchtigungen.
dominante Behinderung	bei Mehrfachbehinderungen die am stärksten beeinträchtigende Behinderung.
Grad der Behinderung	wird amtlich festgestellt; es gibt feste Maßzahlen für den Verlust oder die Funktionsunfähigkeit von Körperteilen oder Sinnesorganen (z.B. Verlust einer Hand am Handgelenk = 55 %). Der Grad der Behinderung legt das Recht auf Leistungen und Vergünstigungen fest.
Schwerbehinderung	liegt nach dem Bundessozialhilfegesetz (BSHG) ab 50 % verminderter Erwerbstätigkeit vor.
Ursachen von Behinderungen	Man unterscheidet: • anlagebedingte Ursachen wie z.B. Chromosomenfehlbildungen oder Stoffwechselkrankheiten (z.B. → Phenylketonurie) • äußere Ursachen wie z. B. Unfall oder Krankheit, → Deprivation.
Phenylketonurie	anlagebedingte Stoffwechselkrankheit; führt bei Schwangerschaft ohne Diäteinhaltung in der Regel zu geistigen Behinderungen des Kindes; betroffene Mütter 1:10000.
• Guthrietest	Test zur Erfassung der Phenylketonurie.
Chromosomen	faden- und schleifenförmige Bestandteile des Zellkerns, Träger des Erbgutes (Gene). Chromosomen sind ab der Phase der befruchteten Eizelle in allen Körperteilen doppelt vorhanden (2 · 23). Ausnahme:

	Geschlechtschromosom des männlichen Geschlechts (Y-Chromosom).
Genom	Gesamtheit aller Gene in den Chromosomen.
Chromosomenfehlbildungen	strukturelle Fehlbildungen an einem Chromosom; bzw. → Trisomien; sind die häufigsten Ursachen für geistige Behinderungen. Beispiele: • Chromosom 4: → Wolf-Hirschhorn-Syndrom, • Chromosom 15: → Prader-Willi-Syndrom, • Chromosom 18: → Williams-Beuren-Syndrom, • Chromosom 21: → Down-Syndrom.
Trisomie	statt der paarweisen Anordnung der Chromosomen finden sich 3er-Kombinationen oder sind einzelne Chromosomenärmchen dreifach vorhanden. Typisch für viele, aber nicht alle Trisomien sind: geistige Behinderungen, Epilepsien, Störungen am Skelett, den Genitalien, Händen und Füßen sowie der Muskelspannung; auch Herz- und Nierenfehler.
Mosaik	bedeutet, dass bei den Zellteilungen Linien mit fehlerfreiem Chromosomensatz neben Linien mit fehlerhaftem Chromosomensatz entstehen. Mosaike werden oft bei Störungen der Sexualentwicklung festgestellt → Ullrich-Turner-Syndrom, ferner bei Trisomie 21 (Häufigkeit unter 5 % aller Fälle).
Behinderungsarten:	
– geistige Behinderungen	→ Intelligenzminderung; angeboren oder frühzeitig erworben.
Down Syndrom, Mongolismus	benannt nach dem Arzt John L. Down. Häufigkeit: 1: 700 Lebendgeborene, die Quote nimmt mit fortgeschrittenem Alter der Mütter zu (ca. 1:40 bei Frauen über 40 Jahren). Symptome sind u. a. geistige Behinderung, typische Augenstellung, oft Herzfehler (40–60 %), rundlicher Minderwuchs, oft sehr kontaktfreudig, → Trisomie.
Edwardt-Syndrom	Häufigkeit 1 : 6000 Lebendgeborene, 75 % weiblich; oft schwere geistige Behinderung, dazu Herzfehler, Fußfehlbildungen, Nierenfehlbildung.
Fragiles-X-Syndrom, Martin-Bell-Syndrom	Häufigkeit 1 : 4000 männliche Lebendgeborene, 1 : 8000 weibliche Lebendgeborene. Intelligenzminderung bis schwere geistige Behinderung, im Kindesalter häufig zusammen mit Hyperaktivität und Sprach- und Sprechstörungen, ggf. mit autisti-

	schem Verhalten, langes Kinn (ab Jugendalter). Die Ausprägung der Behinderung ist bei Mädchen geringer.
Prader-Willi-Syndrom	Häufigkeit ca. 1 : 10000, mehr Jungen als Mädchen. Charakteristisch sind das gemeinsame Auftreten von Zuckerkrankheit, Minderwuchs, Fettsucht, meist Unfruchtbarkeit, eingeschränkter Intelligenz; benannt nach den beiden Kinderärzten Andrea Prader und Heinrich Willi.
Rett-Syndrom	Häufigkeit ca. 1 : 15000; bisher nur von Mädchen beschrieben. Scheinbar normale Entwicklung bis ca. 7. Monat, dann Abnahme des Kopfwachstums, stereotype Handbewegungen, häufig Anfälle, Sabbern, Hyperventilation, Verlust des sozialen Interesses, aber ohne Selbstschädigung wie bei Autisten, zunehmende Verschlechterung der Motorik, immer erhebliche intellektuelle Beeinträchtigung.
Williams-Beuren-Syndrom	Häufigkeit 1 : 10000; häufig eine Kombination von geistiger Behinderung und Herzfehler, auffallend sind oft die Wortgewandtheit und Kontaktfreude.
– **Sprachbehinderungen**	→ Sprach- und Sprechstörungen
– **Wahrnehmungsbehinderungen**	→ Wahrnehmungsstörungen und → Sinnesbehinderungen
– **Psychische Behinderungen**	→ psychische Störung
Autismus	griech.: autos = selbst; sozial-emotionale Kontaktverweigerung, dauerhafter Rückzug auf sich selbst, Echolalie, oft Sprechverweigerung und Wiederholungszwänge, Bewegungsstereotypien; oft, aber nicht immer geistige Behinderungen.
– **Körperliche Beeinträchtigungen**	Organfehlbildungen und Bewegungsstörungen. Man unterscheidet: • cerebrale körperliche Beeinträchtigungen: durch einen Schaden am zentralen Nervensystem hervorgerufene Behinderung des Stütz- und Bewegungsapparates, z.B. → Cerebralparese (umgangssprachlich Spastik). • periphere körperliche Beeinträchtigungen: im äußeren Körperbereich sichtbare Beeinträchtigung, außerhalb des zentralen Nervensystems, z.B. Wirbelsäulendefekt, Muskelschwund, → Luxation.

Athetose	unberechenbare Schwankungen des Muskeltonus bei → Cerebralparese.
Tonus	Muskelspannung
Hypertonie	hier: übermäßige Muskelspannung
Hypotonie, Ataxie	hier: schlaffe Muskelspannung
Cerebralparese	griech.: cerebral = zentral; parese = Schlaffung. Unvollständige Lähmung, umgangssprachlich Spastik; betrifft den ganzen Körper oder einen Teil.
Deformation	Formveränderung, Fehlbildung.
Dysmelie	Fehlbildung der Gliedmaßen.
Dysmorphie	Sammelbezeichnung für die kleinen und großen Fehlbildungen des Menschen.
Luxation	hier: Verschiebung zweier zusammenwirkender Gelenkenden (z. B. Hüfte) aus ihrer funktionsgerechten Stellung. Bei ausbleibender Frühförderung kann daraus eine Körperbehinderung entstehen.
Spaltbildung	zum Beispiel Lippen-, Gaumen-, Rachenspalten.
• Spina bifida	Spaltbildung im Bereich der Wirbelsäule, offener Rücken infolge unvollständiger Neuralrohrschließung. Folgen je nach Schweregrad: fehlerhafte Organbildungen, auch Hirnfehlbildungen.
Hydrocephalus	umgangssprachlich Wasserkopf; abnormes Schädelwachstum; durch Fehlbildung, Entzündung, Tumor, Abszess entsteht vermehrte Hirnflüssigkeitsproduktion oder Stau der Hirnflüssigkeit; fehlende Druckentlastung kann u. a. zu Sehschäden, Epilepsie und kognitiver Beeinträchtigung führen.
• Shunt	operativ angelegter Nebenweg, um überschüssige Gehirnflüssigkeit abzuleiten.
Epilepsie	lat./griech.: überraschender Anfall. Eine Krankheit mit wiederholtem Auftreten von epileptischen Anfällen; Hirnfunktionsstörungen durch abnorme elektrische Entladungen in Nervenzellverbänden.
• grand mal	frz.: großes Übel; großer epileptischer Anfall mit Bewusstseinsverlust und Verlust der Körperkontrolle, ggf. setzt die Atmung aus.
• petit mal	frz.: kleines Übel; kleiner epileptischer Anfall. Die Motorik des Betroffenen bleibt stabil, Bewegungen,

Handlungen werden ggf. fortwährend wiederholt; der Betreffende ist nicht ansprechbar (Absence).

Ullrich-Turner-Syndrom: Häufigkeit 1 : 2500 weibliche Lebendgeburten. Minderwuchs, funktionsunfähige Geschlechtsorgane bzw. keine spontane Geschlechtsreife; Fehlverteilung der Chromosomen während der Zellteilung: statt XX bzw. XY gibt es nur ein X; die geistige Entwicklung ist meist normal; benannt nach dem deutschen Kinderarzt Ullrich und dem amerikanischen Hormonforscher Turner.

Minderwuchs: geringe Körpergröße u. a. durch Chromosomenfehlbildungen oder aufgrund von Vernachlässigung (psychosozialer Minderwuchs).

Untersuchungsarten

Präimplantationsdiagnostik, PID: Diagnostik an den noch nicht eingepflanzten Embryonen.

- Embryo: Lebewesen von der 4. Schwangerschaftswoche bis zum Ende des 4. Schwangerschaftsmonats.

Pränataldiagnostik: medizinische Untersuchung des Ungeborenen, um ggf. Hinweise auf Gen- oder Chromosomenschäden zu erhalten, die Krankheiten oder Behinderungen auslösen können.

Anamnese: griech.: anamnesis = Erinnerung; Erhebung (im freien und strukturiertem Gespräch oder durch Aktenstudium) der Lebensgeschichte eines Menschen, insbesondere die soziale Situation der Eltern, Stellung des Kindes in der Geschwisterreihe, Familiensituation während der verschiedenen Entwicklungsphasen usw.

Diagnose: griech.: diagnosis = Erkenntnis, unterscheidende Beurteilung; Feststellung einer Krankheit durch den Arzt.

Förderdiagnostik: Diagnostik, die gleichzeitig auf Fördermaßnahmen eingeht.

Katamnese: abschließender Krankenbericht.

Bioethik: Betrachtung ethischer Aspekte biomedizinischen Könnens. Ethik (griech.-lat.) ist eine praktische Philosophie, die sich mit dem sittlichen Wollen und Handeln des Menschen befasst.

christliches Menschenbild in der Bioethik	Im christlichen Denken ist der Mensch als Gottes Ebenbild geschaffen. Eingriffe an Embryonen, Veränderungen der Erbstruktur, Auslese gesunder Embryonen und Vernichtung bzw. Sterbehilfe sind nach dem christlichen Menschenbild nicht zulässig.
Bioethik-Konvention, Europäisches Menschenrechtsübereinkommen zur Biomedizin	wurde 1997 vom Europarat in Oviedo, Spanien, verabschiedet, um dem Missbrauch medizinischen Könnens vorzubeugen. Enthält 38 Artikel u.a. über den Umgang mit dem menschlichen → Genom, über → Embryonalforschung, Gentests, über Organentnahme und Einwilligungsbedingungen der Spender. Es haben noch nicht alle Staaten unterzeichnet, auch die BRD nicht (Stand 2001).
Embryonalforschung	Untersuchung von Embryonen; Experimente zur Beeinflussung von Embryonen (z.B. Züchtung von Organzellen, Verjüngung von Eizellen, Klonen).
in-vitro-Fertilisation	Befruchtung in der Petrischale, anschließend Einpflanzung der Embryonen.
Klonen	Schaffung genetisch identischer Lebewesen. Dabei werden die aktiven Gene einer Körperzelle in einen embryonalen Ruhezustand versetzt und in eine entkernte Eizelle hineingegeben. Mit der Zellteilung beginnt die Entstehung eines neuen, mit dem Genspender genetisch identischen Lebewesens.
nationaler Ethikrat	seit 8. Juni 2001; bundesdeutsches Gremium mit 25 Mitgliedern (Biotechnologen, Mediziner, Rechtsphilosophen, Bioethiker, Theologen usw.); momentaner Auftrag (2002): Aussprache von Empfehlungen zur → Embryonalforschung.
SINGER, PETER	praktischer Philosoph, Bioethiker, Gründer des Zentrums für Human-Bioethik an der Monasch University in Australien. Singer vertritt Auffassungen (u.a. über Sterbehilfe → Euthanasie), die dem christlichen Menschenbild widersprechen, z.B.: • Der Mensch sei als solcher nicht wertvoller als andere Wesen (Speziesismus). • Erst Selbst-Bewusst-Sein, sowie Sinn für die Zukunft und die Fähigkeit, mit anderen Beziehungen zu knüpfen, mache das Leben zu einem lebenswerten Leben. • Die Interessen aller, die von einer Entscheidung betroffen sind, müssten berücksichtigt werden (Interessenabwägung z. B. bei absehbarer Behinderung).

Eugenik – Lehre von der Verbesserung des Erbgutes u.a. von intellektuellen Fähigkeiten. Vertreter war u.a. GALTON, Francis (1822–1911). Sein Ziel war eine „Verbesserung der menschlichen Rasse" durch die Vermehrung erblicher Begabung.

Sterbehilfe – Hilfeleistungen verschiedenster Art für Menschen, deren Tod unabdingbar ist oder kurz bevorsteht; Sterbehilfe ist eine moralisch-ethische Handlung. Was rechtlich zulässig ist, regeln nationale Gesetze.

Sterbebegleitung – mitmenschliche Begleitung der Sterbenden und Sorge für schmerzlindernde medizinische und pflegerische Versorgung.

passive Sterbehilfe – Aufrechterhaltung der Basisversorgung, jedoch Verzicht auf lebenserhaltende Maßnahmen (oder Abbruch) bei herannahendem Tod.

indirekte aktive Sterbehilfe – Verabreichung schmerzlindernder Mittel unter Inkaufnahme einer möglichen Lebensverkürzung; wird weitgehend als zulässig erachtet.

direkte aktive Sterbehilfe – beabsichtigtes und tatsächliches Herbeiführen des Todes; ist in Deutschland als Tötungsdelikt strafbar.

Euthanasie – griech.: sanfter Tod. Internationaler Begriff für Sterbehilfe; in Deutschland wird der Begriff heute eher gemieden, da er während des Nationalsozialismus missbraucht wurde, um den Massenmord an 70 000 Behinderten allein bis 1941 zu verharmlosen.

Heilpädagogische Leitgedanken – Orientierungslinie für die professionelle Arbeit mit behinderten Menschen und für das Zusammenleben aller in der Gesellschaft.

Prävention – lat.: praeveniere = zuvorkommen. Maßnahmen zur Vorbeugung unerwünschter Wirkungen.

Empowerment – Englischer Begriff für „stark machen, befähigen, mit den zur Verfügung stehenden Kräften am Leben teilzuhaben". Empowerment ist mehr als ein Funktionstraining, da es auch um die entsprechenden Einstellungen (Wertschätzung des Lebens, ob behindert oder nicht) geht.

Integration – lat.: integratio = Wiederherstellung eines Ganzen; Maßnahmen zur (Wieder)Einführung vorher gesondert behandelter Menschen in die gesellschaftlich

	üblichen Bereiche (Kindergarten, Schule, Beruf, Wohnen).
• Einzelintegration	Eingliederung eines (behinderten) Kindes in eine Regelgruppe; • **gestützte Integration:** vorbereitet und begleitet z.B. von der Frühförderstelle, • **nicht gestützte Integration:** wenn Begleitung nicht nötig ist oder fehlt.
• Integrative Gruppe	2–5 behinderte Kinder in einer Gruppe von 12–15 Kindern in einer Regeleinrichtung.
• Kooperation	Zusammenarbeit; hier zwischen einer Regel- und einer sonderpädagogischen Gruppe mit teilweise gemeinsamem, teilweise getrenntem Programm.
• Integrationsquote	drückt den Anteil des Besuchs von Regeleinrichtungen durch behinderte Kinder aus; Bundesdurchschnitt: 43%; Hessen: 80%; Baden-Württemberg 14% (Sonderpädagogischer Kongress Hannover 1998).
Normalisierung	Heilpädagogischer Leitgedanke, geprägt um ca. 1970 von dem Schweden Nirje. Forderung: Bedingungen schaffen zur weitmöglichen Teilhabe Behinderter am gesellschaftlichen Leben und dem durchschnittlichen Lebensstandard.
Selbstbestimmung	Heilpädagogischer Leitgedanke, geprägt während der Independent-Living-Bewegung körperbehinderter Menschen in den USA. Forderung: weitmögliche Selbstbestimmung behinderter Menschen in allen Bereichen des Lebens, z.B. Sicherung des Privatbereichs, Recht auf Meinungsäußerung, Mitsprache bei allen Entscheidungen, die den Betreffenden berühren.
Rehabilitation	Maßnahmen zur (Wieder)Herstellung der körperlichen, psychischen und geistigen Kräfte, um dem Betroffenen die Teilhabe am gesellschaftlichen Leben zu ermöglichen. Medizinische, schulische, berufliche und soziale Rehabilitation sollten vernetzt sein.
Beratung	engl.: guidance, advice. Meist 7 Schritte: 1. Klärung des Hauptanliegens 2. Mögliche Lösungsansätze vorausdenken 3. Informationsbeschaffung 4. Auswertung der Informationen

5. Erarbeitung von Entscheidungskriterien
6. Kompetenzen und Entscheidungskonsequenzen abwägen
7. Realisierungsunterstützung anbieten.

Beratungsstellen zur Unterstützung von Kindern, Jugendlichen, Ehepaaren, Familien bei u. a. gesundheitlichen, erzieherischen, psychosozialen, rechtlichen und schulischen Problemen bzw. in Entscheidungs- oder Krisensituationen (schulische Laufbahnberatung, Scheidungsabsicht). Prinzip: Freiwilligkeit der Inanspruchnahme.

Genetische Beratungsstellen: Angebot für diejenigen, die noch nicht schwanger sind, jedoch genetisch bedingte Krankheiten oder Behinderungen für sich selbst oder ihre Nachkommen befürchten; meist in einer Universitätsklinik.

Sonderpädagogische Beratungsstellen: auf eine Behinderungsart bezogen, meist einer Sonderschule angegliedert. Aufgaben: → Frühförderung; Beratung durch Sonderschullehrer.

Erziehungsberatung: → Kategorie Familie

Psychosoziale Beratungsstellen: → Erziehungsberatungsstelle, der Begriff leitet sich z.B. in Baden-Württemberg ab von der Zuständigkeit der Jugendhilfe für Kinder mit psychosozialen Störungen und ihre Familien.

Fachdienste → Kategorie Familie

Sozialpädiatrisches Zentrum, SPZ → Kategorie Familie

Frühförderung → Kategorie Familie

Kategorie: **Familie**

Ehe	gesetzlich verankerte Verbindung zweier Menschen zur Bildung einer Lebensgemeinschaft.
Ehescheidung	Auflösung der Ehe durch richterlichen Beschluss. In Deutschland wird ca. jede 3. Ehe wieder geschieden.
Familie	eine Gruppe von Personen (auch mehrere Generationen), die durch Verwandtschaft oder Heirat in emotionaler, sozialer oder wirtschaftlicher Beziehung zueinander stehen. Ehe und Familie stehen unter dem besonderen Schutz der staatlichen Ordnung (Art. 6 (1) GG). Nach Rechtssprechung des Bundesverfassungsgerichts wird der Begriff Familie auch auf allein erziehende Mütter und Väter sowie deren Kinder angewandt.
Kernfamilie	in unserer Gegenwartsgesellschaft eine aus Eltern und Kindern bestehende Gruppe. Die Kernfamilie ist auch heute noch die vorherrschende Lebensform in Deutschland, obwohl sich in den vergangenen 30 Jahren ein starker Wandel vollzogen hat, nicht zuletzt durch die zunehmende Akzeptanz nichtehelicher oder gleichgeschlechtlicher Lebensgemeinschaften.
Funktion der Familie	bezeichnet die Bedeutung der Familie und die damit verbundenen Aufgaben: • Familie als Binnensystem (innerhalb der Familie = Mikroebene), • Bedeutung der Familie für die Gesellschaft (Makroebene).
Reproduktion	Kinderwunsch, dadurch Fortbestand von Familie und Gesellschaft.
Produktion	Arbeitsteilung, materielle Versorgung, Existenzsicherung.
Sozialisation	Für die primäre Sozialisation in der Familie sind Sozialisationsprozesse wechselseitige Lernprozesse, sie werden in der frühen Kindheit stärker einseitig durch → Modelllernen des Kindes geprägt (z. B. wie All-

	tagssituationen in der → Familie bewältigt werden). Wichtige Faktoren für die Sozialisation sind z. B. Spracherwerb und der Erwerb emotionaler und sozialer Fähigkeiten.
Regeneration	Familie bietet Schutz, Sicherheit und Geborgenheit durch Befriedigung individueller Bedürfnisse, auch in der Freizeit.
Strukturwandel in der Familie	Änderung der Familiengröße und der Familienform
Familiengröße	gibt die Anzahl von Kindern einer Kernfamilie an; 1899 gab es fast 5 Kinder pro Familie in Deutschland, heute nur noch 1,3. Drei und mehr Kinder erhöhen heute das Armutsrisiko.
Familienformen	
• Ein-Eltern-Familien	85 % der minderjährigen Kinder, die nur mit einem Elternteil leben, sind bei der Mutter, nur ca. 15% beim Vater (Mutter- oder Vaterfamilie).
• Zwei-Kern-Familie	nach der Scheidung der Eltern: **Residenzmodell:** das Kind lebt ausschließlich bzw. vorwiegend bei einem Elternteil. **Pendelmodell:** Wechsel von einem zum anderen Elternteil. **Vogelnestmodell:** Wohnung des Kindes ist fester Mittelpunkt, Eltern wechseln.
• Stief- oder Patchworkfamilie	geschiedene Elternteile bringen jeweils Kinder in die Familie mit und bekommen noch gemeinsame Kinder.
Familienzyklen	Entwicklungsverlauf von Familien; bei Scheidung und neuer Heirat beginnt der Zyklus jeweils neu.
Gründungsphase	Kennenlernen des Partners, ggf. Heirat, Schwangerschaft und Geburt des 1. Kindes.
aktive Elternschaft	beginnt mit der Geburt des ersten Kindes und dauert solange, wie die Kinder sozial und wirtschaftlich von den Eltern abhängig sind.
Elternschaft auf Abstand	Kinder sind sozial und wirtschaftlich eigenständig.
Funktionswandel der Familie	Bedeutungswandel, erkennbar am Rückgang der Zahl der Eheschließungen und der Kinder pro Familie; Existenzsicherung, Regeneration, Kinderwunsch

und Erziehung sind heute auch ohne Lebenspartner möglich: das heißt, die Ehe hat einen Funktionsverlust erlitten.

Funktionsverlust
Es heißt heute, dass viele Familien ihre Erziehungsfunktion nicht mehr recht wahrnehmen. Zum Teil ist die Kind-Eltern-Zeit durch Beruf und anderes aushäusiges Engagement reduziert, z.T. machen Kindertageseinrichtungen ihren eigenen Erziehungsauftrag geltend. Auch Fernsehen und andere Miterzieher beeinträchtigen den Erziehungseinfluss der Eltern.

Funktionsgewinn
Elternvertretungen, Mitwirkung in Gremien zur Verbesserung der Lebenssituation von Kindern und Familien zeigen einen Funktionsgewinn für die Familie.

Soziales Netzwerk
Unterstützung der Familie bei ihren Aufgaben durch professionelle Helfer (z.B. Erziehungsberater) oder durch informelle Helfer (z.B. Nachbarn, Freunde). Dabei kommt es nicht nur auf die Größe des sozialen Netzwerkes an, sondern auch auf die Qualität (wie verlässlich ist mein soziales Netzwerk, wenn Hilfe gebraucht wird).

Gesetze für Familien/ Familienförderung
Die Gesetze haben die Funktion, die Familie als kleinste Zelle des Staates zu schützen, zu entlasten und zu unterstützen, aber auch zu verpflichten; aus den Gesetzen ergeben sich Rechte und Pflichten der Familie und des Staates.

Grundgesetz, Personensorge
§ 6, Abs. 2: Die Erziehungspflicht und das Erziehungsrecht der Eltern sind festgelegt. Eltern haben die Personensorge für ihre Kinder. Im Fall einer Scheidung werden Zuständigkeiten jedes Elternteils geregelt, das gleiche gilt für den Fall des Todes.

Bundessozialhilfegesetz
gewährt im Bedarfsfall Leistungen wie Mietbeihilfe usw. (bei Behinderung, sozialer Notlage); diese Leistungen sind z. T. einkommensabhängig.

Kinder- und Jugendhilfegesetz, KJHG
Teil des Bundessozialhilfegesetzes; leistet u.a. Vormundschafts- und Familiengerichtshilfe, bietet Hilfe zur Erziehung generell und wenn die Familie dies nicht leisten kann.

Erziehungsurlaub
für Mütter und Väter bis zu drei Jahren nach der Geburt eines Kindes möglich. Eltern können sich dabei bis zu drei Mal abwechseln; Kündigungsschutz.

Mutterschutz	Kündigungsschutz während der Schwangerschaft und bis vier Monate nach der Geburt; sechs Wochen vor und acht Wochen nach der Geburt Freistellung von der Erwerbsarbeit bei Lohnfortzahlung.
Bildung von Wohneigentum	steuerliche Vergünstigungen oder Pauschalzuschüsse für Familien.
Pflege kranker/behinderter Kinder	nach Antragstellung: Gewährung von Pflegegeld.
Familienerholung	durch Kirchen und Gemeinden angebotene Zuschüsse oder Bereitstellung von Unterkünften (Familienferienwerk) und Programmen zur Erholung
Hilfe zur Erziehung	Leistung der Jugendhilfe im Falle psychosozialer Probleme der Kinder, z.B. Beratung, sozialpädagogische Familienhilfe, Heimunterbringung, Einzelbetreuung.
Erziehungsberatung	Leistung im Rahmen der Hilfe zur Erziehung nach §§ 27–40 → Kinder- und Jugendhilfegesetz (KJHG) im einzelnen: Diagnostik, Beratung und Therapie.
Elternbildung	Fernsehfilme und Diskussionen mit Erziehungsexperten; Kurse, Tagungen zu Erziehungsthemen, z.B. zur Pubertät oder zu Aggressionen.
Familientherapie	geht von der Annahme aus, dass die Ursachen psychosozialer Konflikte in einer Familie nicht nur an einem Symptomträger (z.B. dem Kind) liegen, sondern im Zusammenhang mit den Familienmitgliedern gesehen werden müssen. Deshalb werden alle Familienmitglieder in die Therapie einbezogen.
Fachdienste	ein Netz von Unterstützungsangeboten, das über Beratung hinausgeht, wie z.B. Frühförderung, familienentlastende Dienste.
Sozialpädiatrisches Zentrum, SPZ	Klinik, meist eine pro Landkreis; Zielgruppe: 0–18-jährige Kinder und Jugendliche mit Störungsbild, mit Behinderung oder von Behinderung bedroht. Aufgaben: → Frühförderung, Gerätediagnostik, Gerätemedizin, medikamentöse Behandlung, Kinderpsychiatrie.
Child guidance clinic	englischsprachiger Begriff für die interdisziplinäre Frühförderung
Frühförderung	Früherkennung, -beratung, -förderung entwicklungsauffälliger Kinder von 0–6 Jahren und Beglei-

tung der Eltern durch Psychologen, Heilpädagogen usw.

Prinzipien der Frühförderung

- **Familienorientierung:** Häusliche Betreuung bei sehr jungen Kindern. Die Betreuung erstreckt sich nicht nur auf das betroffene Kind, da die ganze Familie des Kindes Hilfe braucht bei der Verarbeitung der Behinderung, der Bewältigung des Alltags und der Förderung des Kindes.
- **Ganzheitlichkeit:** Es soll der ganze Mensch gesehen werden, in seiner Lebens- und Erziehungswirklichkeit, von der die Behinderung nur ein Teil ist.
- **Interdisziplinarität:** Fachkräfte mehrerer Berufsgruppen: Psychologen, Therapeuten, Heilpädagogen, Sozialarbeiter.
- **Wohnortnähe:** Meist ein Standort auf Landkreisebene, oft Dependancen in weiteren Orten des Landkreises

Runder Tisch

Gremium, das Empfehlungen ausspricht für die Erstellung eines Hilfeplanes für ein Kind bzw. einen Jugendlichen; die Empfehlungen beziehen sich auf Art, Form und Umfang der nötigen Fördermaßnahmen.

Gremienmitglieder sind: Eltern, Gutachter, Arzt, ggf. Gesundheitsamt, Kostenträger (Bundessozialhilfegesetz, KJHG), Vertreter der interdisziplinären Frühförderung, Träger und Leitung der Zieleinrichtung, Mitarbeiter, Fachberatung.

Kategorie: **Sozialpädagogische Einrichtungen**

Sozialpädagogische Einrichtungen	außerschulische Einrichtungen zur Betreuung, Erziehung und Bildung von Kindern und Jugendlichen.
Kindertageseinrichtungen	Einrichtungen für verbindlich angemeldete Kinder zur täglichen Inanspruchnahme, es gelten die Vorgaben nach dem → KJHG §§ 22–23.
Kinderkrippe	Einrichtung für Kinder im Alter von 0–3 Jahren.
Kindergarten	für Kinder im Alter von 3–6 Jahren; unterschiedliche Betriebsformen abhängig von der Öffnungszeit, der Zielgruppe und dem Profil. Regelkindergarten: Öffnungszeiten täglich von ca. 8–11:30 Uhr und von 14–16 Uhr. **Weitere Betriebsformen:** – e. Ö. = erweiterte (verlängerte) Öffnungszeiten – e. A. = erweiterte Altersmischung – i. G. = integrative Gruppe oder integrativer Kindergarten – Profil = z.B. spielzeugfreier Kindergarten oder Montessori-Kindergarten.
Kinderhort	für Kinder im Alter von 6–12 Jahren.
Kinderhaus	ursprünglich nach der Montessoripädagogik arbeitende Einrichtung mit erweiterter Altersmischung; heute Begriff für sozialpädagogische Tageseinrichtungen mit erweiterter Altersmischung, erweiterten Öffnungszeiten und/oder integrativer Gruppe.
Freizeiteinrichtungen	Sammelbegriff für Einrichtungen verschiedener Träger, Zielgruppen und Öffnungszeiten mit der gemeinsamen Aufgabe der Freizeit- und Ferienbetreuung von Kindern (meist ab 6 Jahren), Jugendlichen und Behinderten.
Kreisjugendpflege	Abteilung des Jugendamtes zur Unterstützung der Jugendarbeit von freien Trägern. Die Kreisjugendpflege bietet ggf. selbst ein Freizeitprogramm an. Im Einzelnen:

- Gruppenleiterschulung
- Materialbeschaffung
- Förderung größerer Aktionen wie z. B. internationaler Begegnungen
- Musisch-kulturelle Angebote von und für Jugendliche
- Mädchenarbeit
- Jugendarbeit auf dem Land

Kinderzentrum	für ca. 6–12-Jährige mit festem Programm (z. B. Schularbeitenhilfe) oder offenen Angeboten, z. B. zur Freizeitgestaltung.
Kreativzentrum	mehrdeutiger Begriff; das Programm besteht im weitesten Sinne aus Angeboten zu Spiel und Gestaltung.
Spielmobil	ein mit Spielzeug und Kreativmaterial ausgestatteter Bus, der regelmäßig einzelne Stadtteile – meist Spielplätze – ansteuert und Angebote macht.
Spielplatz, betreuter	für Schulkinder, die keine regelmäßige Betreuung und Versorgung, wohl aber einen geschützten Rahmen brauchen.
Stadtranderholung	Angebote der Gemeinden oder freier Träger zur Betreuung von Klein- und Schulkindern während der Ferien; in der Regel ohne Übernachtung.
Kinder- und Jugendtheater	Form der Jugendarbeit, die das Theaterspiel zur Persönlichkeitsbildung nutzt, um Empathie, Ausdruck, Gruppenzugehörigkeit und Auftreten vor Publikum zu üben; das Ergebnis der Theateraufführung ist zweitrangig.
Kindergruppe in Sammelunterkünften	beispielsweise im Asylbewerberheim; bietet Hausaufgabenhilfe, Unterstützung, Freizeitpädagogik, Integration in die Gemeinde sowie Hilfe bei der Verarbeitung von Kriegs- oder Fluchterlebnissen.
Sozialpädagogische Jugendeinrichtungen	Sammelbegriff für Einrichtungen, die freizeitpädagogisch tätig sind, Krisenintervention bei Entwicklungsproblemen anbieten und/oder Jugendliche auf gesellschaftliche Aufgaben vorbereiten.
Jungendzentrum	eher für Kinder ab ca. 13 Jahren; Prinzip vieler Jugendzentren ist die Selbstverwaltung. Die Jugendlichen sollen über die Mitbestimmung auch Mitverantwortung lernen (Demokratisierungsanspruch); oftmals gibt es spezielle Mädchengruppen.

Jugendgruppen von Dachverbänden oder Parteien	sind die kleinsten Zellen der großen Jugendverbände der Kirchen, des Pfadfinderverbandes, des Bundes für Naturschutz, der Parteien. Die Jugendgruppen bieten regelmäßige Treffen an. Auf der nächsthöheren Ebene werden Leiterkurse und sonstige Seminare, Wochenend- und Ferienprogramme geboten.
Schulsozialarbeit	Beratung von Kindern und Jugendlichen sowie der Eltern und Lehrer u.a. bei Problemen im Umgang miteinander.
Jugendsozialarbeit	sozialpädagogische Hilfe für benachteiligte Jugendliche zur Förderung ihrer schulischen und beruflichen Ausbildung, zur Eingliederung in die Arbeitswelt und zur sozialen Integration.
Streetwork	Jugendsozialarbeit, die zu den Treffpunkten der Jugendlichen geht und Beziehungsaufbau leisten möchte für künftige Unterstützungsangebote.
Einrichtungen der gesundheitlichen Fürsorge	Einrichtungen, die vorrangig der Prävention und der Heilbehandlung dienen und die Betroffenen pädagogisch begleiten, um den Heilerfolg zu sichern.
Kinderklinik	in Sachausstattung und Personal auf Kinder ausgerichtetes Krankenhaus zur medizinischen Heilbehandlung und zur Aufnahme misshandelter Kinder. Erzieheraufgaben: pädagogische Begleitung bei der Aufnahme, Operationsvorbereitung, Begleitung des Krankheitsverlaufs und ggf. Sterbebegleitung für Kinder und die betroffenen Eltern, Kontaktpflege nach außen, Einsatz für Rechte von Eltern und Kindern im Krankenhaus.
Kindererholungsheim	für 4–6-wöchige Erholungsaufenthalte; präventiv, nach einer besonderen Belastung (Krankheit) oder während familiärer Krisenzeiten.
Kinderkurheim	für 4–6-wöchige Aufenthalte gesundheitlich beeinträchtigter Kinder und Jugendlicher vor allem mit chronischen Krankheiten.
Mutter- und Kindkurheime	zur Erholung und Regenerierung psychisch und physisch stark beanspruchter Mütter vor allem mit jungen oder behinderten Kindern.

Sonderpädagogische Einrichtungen	für Kinder mit *besonderem* Betreuungs-, Erziehungs-, Förder- und Therapiebedarf.
Schulkindergarten, Sonderkindergarten	für 2 $^1/_2$–6-jährige Kinder mit Körper-, Sinnes- oder geistiger Behinderung und für Kinder, die von Behinderung bedroht sind; in der Regel sind dies Tageseinrichtungen. Das Programm ist ähnlich dem des Regelkindergartens, aber Angebote sind stärker individuell ausgerichtet und Therapien sind meist integriert.
Schulkindergarten und Hort für Erziehungshilfe	für Kinder mit gravierenden Störungen im emotionalen und sozialen Bereich, auch „teilstationäre Hilfe zur Erziehung" genannt (→ KJHG); Kleingruppen; Therapien sind in den Tagesablauf integriert.
Sonderschule	für Kinder und Jugendliche mit geistiger Behinderung: Vorstufe (1 Jahr Verweildauer), Unter- und Mittelstufe (je 2–3 Jahre), Ober- und Werkstufe (je 3-4 Jahre) je nach Vermögen und Gegebenheiten; längste Beschulungsdauer in Baden-Württemberg: bis zum 25. Lebensjahr. Aufgaben des Erziehers: Gruppenleitung bzw. Klassenleitung.
Tagesförderstätte, Betreuungsgruppe	für nicht mehr schulpflichtige und nicht erwerbsfähige Menschen mit geistiger Behinderung; einer Werkstatt für Behinderte oder dem Wohnheim angegliedert.
Familienersetzende Einrichtungen	stationäre Einrichtung (Betreuung rund um die Uhr) vor allem für Kinder und Jugendliche, die vorübergehend oder für eine längere Zeit eine Bleibe brauchen.
Inobhutnahme	ist nach dem KJHG (§§ 11–41) die vorläufige Unterbringung eines Kindes oder Jugendlichen zu dessen Schutz in einem Heim, wenn diese selbst um Obhut bitten, wenn Gefahr für das Wohl des Kindes besteht oder um Gefahr für Leib und Leben Dritter abzuwenden, jedoch unter Beachtung der Elternrechte.
Heimarten	Heime unterscheiden sich nach der Zielgruppe, der Funktion und der Organisationsform.
Auffangheim, Beobachtungsheim	Einrichtungen zur vorübergehenden Unterbringung, um die erforderlichen Maßnahmen abzuklären.

Kinderheim	für Kinder bis zum Abschluss der Haupt- oder Realschule.
Kinderdorf	dorfähnlich strukturierte Heimart mit Schule und eigenen Werkstätten, mit oder ohne Zentralversorgung; meist altersheterogene Gruppen mit konstanten Hauseltern (z.B. Pestalozzi-Kinderdorf) oder Hausmüttern (z.B. SOS-Kinderdorf).
Internat	für Kinder und Jugendliche während der allgemeinbildenden Schulzeit, für Jugendliche mit Behinderung während der Ausbildungszeit. Manche Internate haben ein besonderes pädagogisches Profil (z.B. Odenwaldschule).
Wohnheim	syn. Internat, ferner für Menschen mit geistiger oder Mehrfachbehinderung; eine in der Regel auf Dauer angelegte Wohn- und Lebensgemeinschaft.
Mutter- und Kindheime	für junge Schwangere und solche, die die Schwangerschaft allein nicht bewältigen können. Die Betreuung von Mutter und Kind erfolgt bis zur Geburt bzw. auch während der Kleinkindjahre des Kindes oder so lange, bis die Mutter eine Berufsausbildung abgeschlossen hat oder anderweitig auf eigenen Füßen stehen kann.
Heime der Erziehungshilfe	gemäß → KJHG die vorletzte Stufe der Hilfe zur Erziehung; in der Regel bilden Wohnen, Schule und Therapie eine lokale, verwaltungstechnische und personelle Einheit. Ziel: baldmögliche Rückführung ins Elternhaus bzw. Gewöhnung an selbstständiges Wohnen.
geschlossenes Heim	für Kinder und Jugendliche, die totalen Schutz brauchen oder um Flucht (auch vor sich selbst) zu verhindern.
Sonderformen der Heimerziehung	Maßnahmen wie Segeltörns, Dschungelpädagogik, Camp in Finnland; Erlebnispädagogik als Mittel zum Zweck; Ziel: Wachsen an extremen Herausforderungen (weitab von allem Vertrauten, wo Flucht unmöglich ist, isoliert und auf die Gemeinschaft der Gruppe angewiesen); eigentlich eine Form des geschlossenen Heims.
Kleinheim	bis zu 24 Betreute.
Großeinrichtung	kann über 1000 Betreute umfassen (z.B. Heim für Menschen mit Behinderungen).

Verbundsystem von Heimen	Zusammenschluss mehrerer Heime zum Zweck der Betriebskostenersparnis, wobei eine zentrale Verwaltung ausreicht.
dezentralisiertes Heim	vorwiegend aus Außenwohngruppen bestehende Einrichtung mit einem zentralen Servicestandort für Verwaltung, Mitarbeiterführung und haustechnischen Dienst.
Außenwohngruppe	aus einem Wohnheim ausgelagerte eher kleine Gruppe (ca. 4–6 Personen) in einer dezentral angemieteten Wohnung, verwaltungstechnisch und personell angebunden an das ursprüngliche Wohnheim.
betreutes Wohnen	Lebensgemeinschaft von ca. 4–6 Personen mit nur loser Begleitung durch pädagogisches Personal, z. B. einmal wöchentlich, nicht unbedingt gebunden an ein Wohnheim.
Heimaufsicht	Aufsicht über stationäre und teilstationäre Einrichtungen durch das Landesjugendamt (z. B. Gebäude, Hygiene, Personal, Gruppengröße betreffend).
Zentralversorgung	totale Versorgung aus der Großküche, Wäscherei usw.
Mitbestimmung im Heim	auf allen Ebenen je nach Vereinbarung beratend und/oder mitentscheidend; Vetorecht (Einspracherecht) der jeweils dienstrechtlichen Verantwortlichen, das heißt der Gruppenleitung, Hausleitung oder der Einrichtungsleitung.

Kategorie: **Arbeitsorganisation in sozialpädagogischen Einrichtungen**

Betrieb	produzierendes, kaufmännisches oder dienstleistendes Unternehmen.
Einrichtung	dienstleistendes, gemeinwirtschaftliches Unternehmen.
gemeinwirtschaftlich	zum Nutzen des Einzelnen oder der Allgemeinheit; nicht unbedingt auf Gewinn ausgerichtet. Es gibt gesellschaftliche, staatliche, kirchliche, wissenschaftliche und soziale gemeinwirtschaftliche Einrichtungen.
Institution	lat.: institutio = Komplex sozialer Regelungen. So werden zum Beispiel die Ehe, die Familie ebenso als Institution bezeichnet wie auch gemeinwirtschaftliche Einrichtungen. Institutionen haben einen klar definierten Zweck und gesetzliche Rahmenbedingungen betreffend ihrer Zielgruppen, Aufgaben und Zuständigkeiten.
Subsidiaritätsprinzip	ist das Prinzip der Nachrangigkeit des Staates, der eine Institution wie einen Kindergarten erst dann schafft, wenn sich kein anderer Träger findet. Der Staat möchte Eigeninitiative fördern.
Betriebsform	bezeichnet die verschiedenen Formen einer Einrichtungsart z.B. im Kindergartenbereich: Halbtags-, Ganztags-, Regel- und integrative Kindergärten bzw. Gruppen, solche mit verlängerten Öffnungszeiten oder erweiterter Altersmischung. Im Heimbereich: Wohngruppe im Heim, Außenwohngruppe usw.
Betriebsstruktur	Gliederung eines Betriebes. Man unterteilt in: • horizontale Ordnung: unterschiedliche Abteilungen wie z.B. Verwaltung, pädagogische Abteilung, Versorgung (Wäscherei, Küche). • vertikale Ordnung: Betriebsleitung, Abteilungsleitung, Gruppenleitung usw. (Betriebshierarchie).
Betriebsleitung	hat die rechtliche, wirtschaftliche und sachbezogene Verantwortung.

Träger	→ Betriebsleitung einer gemeinnützigen Einrichtung, sorgt u. a. für die Einhaltung der gesetzlichen Vorgaben hinsichtlich Fachkräften, Sicherheit, Hygiene; legt → Leitziele fest.
öffentliche Träger	Gemeinde, Stadt, Land.
freie Träger	zum Beispiel Kirchengemeinden, eingetragene Vereine.
Mischträgerschaft	Aufteilung der Gebäude-, Sach- und Personalkosten unter verschiedenen Trägern.
Zweckverband	Zusammenschluss mehrerer Gemeinden zur Verfolgung meist wirtschaftlicher Zwecke, z. B. um gemeinsam einen Kindergarten zu unterhalten.
Verwaltung	an Stelle des eigentlichen Besitzers etwas verantwortlich leiten, führen.
Haushalt	Einnahmen und Ausgaben, → Etat
Etat	frz.: etat = Zustand; Voranschlag einer öffentlichen Wirtschaft über die Einnahmen und Ausgaben für einen bestimmten (zukünftigen) Zeitraum, → Haushalt.
Personalverwaltung	Aktenführung über Personalangelegenheiten, Dienstplanerstellung.
Sachverwaltung	Verwaltung der Gebäude, Möbel, Geräte, Verbrauchsmittel, Versicherungen und Planung von Reinigung, Reparaturen usw.
• Inventar	Verzeichnis der Vermögensgegenstände (z. B. Geräte, Möbel), Sachausstattung und ggf. der Schulden in einem bestimmten Zeitraum.
Klientenverwaltung	Aktenführung über die betreuten Personen (Beobachtungen, Berichte); Schriftverkehr mit Behörden, Fachdiensten, Einrichtungen (Anträge usw.).
Finanzierung	
Tagespflegesatz	Zahlung pro Kind, insbesondere im Heimbereich.
Zuschüsse	werden im Kindergartenbereich pro Gruppe und nicht pro Kind geleistet; entscheidend ist die Betriebsform bzw. Gruppenart.
Fundraising, Sponsoring	Geld-, Sach- und Zeitspenden von Betrieben; die Einrichtung wirbt anschließend damit, dass die

spendende Firma oder Person die Ziele der Einrichtung unterstützt.

Arbeitsrecht

BAT	Bundesangestelltentarif; enthält Rechte und Pflichten der Arbeitnehmer und Arbeitgeber des öffentlichen Dienstes auf Bundesebene.
• Eingruppierung	Zuordnung zu einer Gehaltsgruppe nach dem BAT; Kriterien: Berufsabschluss, Schwierigkeitsgrad der Arbeit, Funktion (z.B. Leitung einer Einrichtung), Verantwortung für eine bestimmte Anzahl von Betreuten und Mitarbeitern, Anzahl der Bewährungsjahre.
Praktikantentarifvertrag	macht Aussagen zu Entgelt, Arbeitszeit, freien Tagen, Fernbleiben von der Arbeit usw. Er gilt für Praktikanten, deren Ausbildungsordnung ein so genanntes praktisches Jahr vorschreibt, z.B. für Sozialarbeiter und Erzieher.
Arbeitsvertrag	schriftliche Form des Arbeitsverhältnisses zwischen einem konkreten Arbeitnehmer und Arbeitgeber. Der Arbeitsvertrag regelt den Beginn der Tätigkeit, Vergütung, Urlaubszeit und enthält ggf. Nebenabreden.
Versicherungen	Arbeitgeber bzw. Träger sind gesetzlich verpflichtet zu folgenden Versicherungen: • Sozialversicherung für die Angestellten, • Unfallversicherung für Betreute und Mitarbeiter, • Versicherungsschutz für freiwillige Helfer, • Gebäudeversicherung. darüber hinaus schließen Träger häufig weitere Versicherungen ab wie private Unfall- und Berufshaftpflichtversicherungen für ihre Mitarbeiter, Inventarversicherung usw.
Datenschutz	Schutz persönlicher Daten vor Missbrauch: Geburtsdaten, Adressen, Videos, Fotos von Betreuten bzw. Mitarbeitern dürfen nicht ungefragt öffentlich genannt oder gezeigt werden.
Schweigepflicht	Pädagogische Mitarbeiter sind gehalten, außerhalb des Arbeitsplatzes keine Aussagen über die Betreuten zu machen.
Probezeit	die ersten ein bis sechs Monate einer Beschäftigung mit verkürzter Kündigungsfrist.

Kündigung

Antrag auf Auflösung des Arbeitsverhältnisses von Arbeitgeber- oder Arbeitnehmerseite.

- die ordentliche Kündigung hält die gesetzlichen Fristen ein;
- die außerordentliche Kündigung erfolgt fristlos bei schweren Vertragsverletzungen.

Dienstordnung

Die Dienstordnung ist ein schriftlicher Vertrag; er enthält u.a. Vorgaben des Arbeitgebers hinsichtlich: Aufsichtspflicht, pädagogischer Verantwortung und Bindung an die Leitziele des Trägers.

Stellenbeschreibung

enthält den Dienstrang des Stelleninhabers, betriebliche Unter- und Überstellungen (Vorgesetzte), Vertretungsregelungen, Ziel der Stelle, Zuständigkeitsbereich, Gehaltsgruppe usw.

Dienstplan

Wochen-, Monats- oder Jahresübersicht über die geplante Arbeitszeit bzw. über freie und Urlaubstage der einzelnen Mitarbeiter.

Versammlungsformen

Dienstbesprechung, Gesamtkonferenz

Instrument der Betriebsleitung, um das gesamte Personal zu informieren; verpflichtend für alle; bestimmte Formalien müssen eingehalten werden, wie z.B. Vorankündigung des Termins, Tagesordnung, Protokollführung.

Pädagogische Konferenz

Zusammenkunft aller pädagogischen Mitarbeiter. Sie befasst sich u.a. mit der Organisation der pädagogischen Arbeit und pädagogischen Themen.

Mitarbeiterversammlung

Versammlung der Belegschaft unter Leitung des Vorsitzenden des Betriebsrats auf der Grundlage des Betriebsverfassungsgesetzes.

Mitarbeitervertretung

gewählte Vertretung der Mitarbeiter: ein Betriebsobmann bei 5–20 Wahlberechtigten. Tendenzbetriebe (Kirchen) können Sonderregelungen haben. Die Mitarbeitervertretung ist eine gesetzliche Vorgabe in unserer Demokratie.

Personalführung

Führungsstil

drückt die Art und Weise aus, wie die Mitarbeiter an Entscheidungsprozessen beteiligt werden, z.B.:

- **demokratischer Führungsstil**: Mitbestimmung der Mitarbeiter soweit es möglich ist, Anweisungen, wenn es nötig ist – Transparenz der Entscheidungen.

- **autoritärer Führungsstil**: Anordnungen auch ohne Erklärungen, wenig Mitbestimmung, hohes Maß an Kontrolle.

Teamarbeit

Arbeitsgruppe	mehrere Personen arbeiten zeitlich begrenzt an einem Teilauftrag, z. B. den Weihnachtsgottesdienst im Heim vorzubereiten, ggf. arbeiten Vertreter verschiedener Berufe zusammen, z. B. Religionslehrer, Musiklehrer, Erzieher und Jugendliche.
Team	Arbeitsgruppe, die einen umfassenden Auftrag hat und längerfristig zusammenarbeitet, z. B. in der Verantwortung für eine Kindergarten- oder Heimgruppe; die Teammitglieder haben eine gleiche oder ähnliche Ausbildung.
• Synergieeffekt	Prinzip der Qualitätssteigerung dadurch, dass die Teammitglieder unterschiedliche Kenntnisse, Fähigkeiten und Fertigkeiten in das Team einbringen und zusammen mehr leisten können als der Einzelne.
Mobbing	planmäßige, feindselige, intrigante Handlungen über einen längeren Zeitraum unter Kollegen oder zwischen Angestellten und Vorgesetzten meist mit dem Ziel, das Opfer aus seiner Position zu vertreiben.
Personalentwicklung	Maßnahmen, welche die Arbeitsqualität der Mitarbeiter steigern.
Fortbildung	vertieft die beruflichen Kenntnisse und Fertigkeiten, erschließt neue Inhalte im ausgeübten Beruf; in der Regel keine Höhergruppierung.
Umschulung	Zweitausbildung in einem anderen als dem ursprünglich gelernten Beruf.
Weiterbildung	erstreckt sich auf Allgemeinbildung (z. B. eine Fremdsprache) oder auf eine Ausbildung, die auf dem Erstberuf aufbaut.
Supervision	lat.: super = darüber, oben; visio = sehen, Leitung. Im sozialpädagogischen Bereich: Anleitung und Unterstützung bei der Aufarbeitung beruflicher Probleme; oft geht es um die Sache und die Verflechtun-

	gen mit persönlichen Anteilen sowie darum, analytische Kompetenzen zu stärken.
Fachberatung	von Trägerverbänden bereitgestellte Fachkraft zur Unterstützung in allen berufsspezifischen Fragen und zur Weiterentwicklung der pädagogischen Kompetenz.
Heilpädagogische Fachberatung	für Fragen im Zusammenhang mit behinderten Kindern und Integration.
Arbeitsgemeinschaft	hier: monatliches oder vierteljährliches Treffen aller pädagogischen Mitarbeiter der Kindergärten eines Trägers, z. B. der kommunalen Kindergärten des Landkreises. Zweck: Träger oder Fachberater informieren und bilden fort.
Qualitätssicherung	organisatorische und sonstige Maßnahmen zur Erhaltung und Schaffung eines hohen Qualitätsstandards: z. B. Zertifizierung in Anlehnung an die ISO-Norm 9000 ff → Fachberatung, → Controlling.
Kundenorientierung	Ausrichtung der Geschäftspolitik und des Betriebsablaufs an den Kundenwünschen; im Kindergartenbereich z. B. hinsichtlich Öffnungszeiten, pädagogischer Zielrichtung.
Controlling	betriebswirtschaftliches Instrument zur Kontrolle des Betriebsgeschehens, Auswertung aller Daten des Rechnungswesens und Koordinierung aller Pläne (Einkauf, Kosten, Investitionen, Personal usw.). Controller verhandeln mit allen Betriebsebenen. Sie sind in der Regel Mitglied der obersten Geschäftsführung. Ihr Ziel ist die Optimierung der Organisation, der Produkterstellung und des Vertriebs.
ISO-Norm 9000 ff.	ursprünglich von der amerikanischen Automobilindustrie entwickeltes Instrumentarium zur Erfassung und Steigerung der Qualität im Produktionssektor. Inzwischen wurde das Verfahren überarbeitet und wird auch im Dienstleistungssektor und in der beruflichen Bildung angewandt. Unter Begleitung eines Beraters werden Veränderungsziele festgelegt, deren Erreichen überprüft und abschließend zertifiziert. Ein solcher Vorgang dauert ca. 2 Jahre. Ein anderer Ansatz ist der des → „Kronberger Kreises“.

Kronberger Kreis	Folgegruppe des Projektes „Orte für Kinder" des → DJI (Deutsches Jugendinstitut). Praktiker und Wissenschaftler wollen Qualität im Dialog entwickeln und nicht einem Kriterienkatalog folgen.
Zertifizierung	Bestätigung der Teilnahme an einem Qualifizierungsprogramm.
Kindergarten-Einschätz-Skala, KES	Methode zur Bewertung der erreichten Qualität einer Einrichtung. Die Übersetzung der amerikanischen Version der „Early Childhood Environment Rating Scale" wurde durch Tietze übertragen auf deutsche Verhältnisse. Es gibt 7 einzuschätzende Kategorien (z. B. sprachliche und kognitive Anregungen), unterteilt in 37 Teilbereiche und diese wieder jeweils in 7 Qualitätsabstufungen. Die Einschätzung erfolgt durch einen neutralen Beobachter.

Gesetzliche Grundlagen des Kindergartens

Kinder- und Jugendhilfegesetz, KJHG	Teil VIII des Sozialgesetzbuches der Bundesrepublik Deutschland; enthält Ausführungen zu Organisation, Aufgaben und Leistungen der Jugendhilfe.
Landesjugendamt, LJA	überregionale Ebene der Jugendhilfe. Nach § 45, I KJHG ist das Landesjugendamt unter anderem zuständig für die Genehmigung sozialer Einrichtungen. Das Landesjugendamt kontrolliert die Einhaltung baulicher Vorgaben, prüft, ob die gewünschte Betriebsform genehmigt werden kann und bestimmt die zulässige Gruppengröße. Eine Abteilung des LJA hat Fachberatungsfunktion für kommunale Kindergärten und für solche mit integrativen Gruppen.
Jugendamt	Behörde auf Kreisebene. Aufgaben: Umsetzung der gesetzlichen Vorgaben gemäß dem KJHG wie Familienunterstützung, Angebote zur Kindertagesbetreuung und zur Jugendarbeit zu schaffen, Hilfe zur Erziehung zu gewährleisten usw. (in Zusammenarbeit mit dem → Jugendhilfeausschuss).
Jugendhilfeausschuss	auf Kreis- oder Landesebene. Der Ausschuss berät und beschließt 1. über die konkreten Aufgaben der Jugendhilfe im Zuständigkeitsbereich, 2. deren Wahrnehmung durch die Jugendämter und die freien Träger der Jugendhilfe.

	Stimmberechtigte: 3/5 Vertreter der Jugendhilfe, 2/5 Vertreter der freien Jugendhilfe; nicht stimmberechtigt sind geladene Experten, die je nach Thematik Vorschläge unterbreiten können.
Kindergartengesetz	benennt den Auftrag des Kindergartens, die Aufnahmebedingungen und macht Vorgaben zur Ausbildung des Fachpersonals.
Kindergartenrichtlinien	Gesetzes-Ausführungsbestimmungen; enthalten Vorgaben zur räumlichen und personellen Ausstattung; in Baden-Württemberg wurden die Richtlinien 1992 ausgesetzt, um den Rechtsanspruch auf einen Kindergartenplatz umsetzen zu können.

Kategorie: **Institutionen, Träger- und Berufsverbände**

Bundesministerium für Bildung und Forschung
genauer: Ministerium für Bildung, Wissenschaft, Forschung und Technologie; besteht in dieser Form seit 1994, ist eines der in Bonn verbliebenen Ministerien mit je einem Dienstsitz in Bonn und Berlin.

Ständige Konferenz der Kultusminister der Länder in der BRD, KMK
fasst Beschlüsse und spricht Empfehlungen an die Bundesländer aus, z.B. zum Erziehungsauftrag des Kindergartens oder zu einer Reform der Erzieherausbildung.

Funktion: der Zersplitterung entgegenzuwirken, die durch die Kulturhoheit der Länder entstehen könnte.

Ministerium für Kultus, Jugend und Sport
oberste Dienstaufsichtsbehörde (auf Landesebene) für das Bildungs- und Erziehungswesen; in den Ländern z.T. unterschiedlich benannt; unter anderem zuständig für Lehrpläne, Ausbildungs- und Prüfungsordnungen auch des Erzieherberufes.

Ministerium für Arbeit, Gesundheit, Familie und Sozialordnung
ist in Baden-Württemberg in Zusammenarbeit mit dem Kultusministerium für Vorgaben zur praktischen Ausbildung bei Erziehern verantwortlich.

Jugendbericht, Familienbericht
von der Regierung je Legislaturperiode in Auftrag gegeben: Sachverständigenberichte über den Ist-Zustand (Statistiken), verbunden mit Verbesserungsvorschlägen.

Bildungsforum 1999–2001
von der Bundes- und den Länderregierungen in Auftrag gegeben. Dem Gremium gehörten an: Bildungsminister der Länder, Vertreter der Wissenschaft, Kirchen, der Sozialpartner, der Auszubildenden und der Studierenden.

Aufgaben: Ist-Zustand im Bereich Bildung und Erziehung festzustellen im Hinblick auf Erfordernisse der Gegenwart und Zukunft; breit angelegte öffentliche Diskussion anzuregen; Vorschläge zu einer Reform des Bildungswesens vom Kindergarten bis einschließlich Hochschule und Erwachsenenbildung vorzulegen.

Vorläufer des Bildungsforums waren z.B. der Deutsche Bildungsrat 1965–70, danach: Gesprächskreis Bildungsplanung.

Deutsches Jugendinstitut, DJI

1963 gegründet, Sitz in München und Leipzig, außeruniversitäre Forschungsinstitution, ca. 125 wissenschaftliche Mitarbeiter. Forschungsschwerpunkte: u.a. Dauerbeobachtung der Lebensverhältnisse von Familien, Kindern und Jugendlichen, Ausländern und des Kinderbetreuungsangebotes, Begleitung politischer Entscheidungsträger.

Deutsches Institut für internationale pädagogische Forschung, DIPF

gegründet 1964, Sitz: Frankfurt am Main; von den bundesdeutschen Ländern getragene Stiftung zur Durchführung und Förderung empirischer pädagogischer Forschung.

Deutscher Verein für öffentliche und private Fürsorge

1880 gegründeter Dachverband, dem die meisten öffentlichen und privaten Sozialhilfeträger angehören.

Aufgaben: wissenschaftliche und gutachterliche Grundlagen für Sozialarbeit, -politik und -recht zu schaffen.

Internationale Gesellschaft für Heimerziehung, IGFH

Frankfurt am Main ist Sitz der deutschen Sektion der 1948 gegründeten Federation Internationale des Communautes d'Enfants.

Ziele: Erforschung und Verbesserung spezifischer Aspekte der Heimerziehung.

UNICEF
Vereinte Nationen

Abkürzung für: United Nations International Children Emergency Fund. 1946 in New York gegründetes Hilfswerk der Vereinten Nationen, heute von 120 Staaten getragen.

Ziele: Nothilfemaßnahmen und Gesundheitsprogramme für Kinder in aller Welt, auch Bildungsmaßnahmen für z.B. Mütter, Betreuungs- und Pflegekräfte.

UNESCO
Vereinte Nationen

Abkürzung für: United Nations Educational, Scientific and Cultural Organisation; Unterabteilung der Vereinten Nationen für Erziehung, Wissenschaft und Kultur, 1945 mit Sitz in Paris gegründet.

Ziele: internationale Zusammenarbeit in den oben genannten Bereichen, besondere Zielgruppe: Entwicklungsländer (Unterricht, Frauenförderung, Erhaltung bedrohter Kulturgüter).

Träger- und Berufsverbände

Deutscher Städtetag
größter kommunaler Spitzenverband, Interessenvertretung von 5700 Städten und Gemeinden und auch mit der Kindergartenthematik befasst.

Deutscher Bundesjugendring
1949 entstanden. Mitglieder sind derzeit 20 Jugendverbände und 11 Landesjugendringe.

Aufgaben: Vertretung jugendpolitischer Interessen gegenüber dem Bundestag und der Bundesregierung sowie Information der Mitglieder über wichtige Entwicklungen im Bereich Jugendarbeit und Jugendhilfe.

Freie Wohlfahrtspflege
Ergänzung öffentlicher Fürsorge in der BRD; insbesondere durch die nachgenannten Spitzenverbände in den Bereichen Kinder- und Jugendarbeit, Krankenpflege, Sozialarbeit und Randgruppenbetreuung. Finanzierung durch öffentliche Gelder und Spenden.

Wohlfahrtsverband
Landes- oder Bundesebene der freien Träger, z.B. Rotes Kreuz.

Arbeiterwohlfahrt, AWO
gegründet 1919 von JUCHACZ; Verband der freien Wohlfahrtspflege, konfessionell und politisch unabhängig. Leitziele der Arbeit in Tageseinrichtungen für Kinder sind: Erziehung zu Demokratie, Frieden, Toleranz, Freiheit; Erziehung als Teilhabe am gesellschaftlichen, politischen Leben.

Deutscher Caritasverband
größter Spitzenverband der freien Wohlfahrtspflege in Deutschland; im Bereich der Gesundheits-, Jugend- und Sozialhilfe tätig. Leitziele der Erziehungsarbeit in Kindertageseinrichtungen: christliche Persönlichkeitsbildung, Identifikation mit und Hineinwachsen in die lebendige katholische Gemeinde; Umwelt erschließen, von der religiöses Brauchtum ein Teil ist.

Diakonisches Werk
1957 gegründet als Zusammenschluss der Inneren Mission und des Hilfswerks Evangelischer Kirchen Deutschlands. Neben Kindertageseinrichtungen sind Schwerpunkte die Behindertenhilfe, die Betreuung von Aussiedlern und Asylbewerbern, Suchtkranken, Nichtsesshaften und Straffälligen.

Deutscher Paritätischer Wohlfahrtsverband, DPW	1924 gegründeter Verband der freien Wohlfahrtspflege, konfessionell und politisch unabhängig; unterhält Kindertageseinrichtungen, Heime, Krankenhäuser und Schulen für sozialpflegerische Berufe. Leitziele: Erziehung zu eigenverantwortlicher Persönlichkeit und Mitverantwortung in der Gesellschaft.
Deutsches Rotes Kreuz, DRK	seit 1921, Sitz in Bonn; Aufgaben im Bereich der Sozialpädagogik: insbesondere Kinder- und Jugenderholung.
Zentralwohlfahrtsstelle der Juden in Deutschland, ZWST	1917 in Berlin gegründet, seit 1951 wieder tätig. Sitz: Frankfurt am Main; Dachverband der jüdischen Gemeinden in Deutschland; Aufgaben: Sozialarbeit, Jugendarbeit, Altenhilfe und Eingliederungshilfe für Flüchtlinge und Zuwanderer aus den Ostblockstaaten. Die ZWST unterhält Beratungsstellen, Kindergärten und -heime sowie Jugendzentren.
Verband anthroposophischer Einrichtungen für Heilpädagogik und Sozialtherapie e. V.	vertritt die Interessen der Träger, der Mitarbeiter und betroffener Behinderter in anthroposophischen Einrichtungen.
Bundesvereinigung Lebenshilfe für geistig Behinderte	setzt sich für die Interessen der Betroffenen ein, fordert Rechte ein, sorgt für eine politische Diskussion über Behinderung, während die regionale Lebenshilfe die konkrete Arbeit mit geistig Behinderten leistet.
Deutscher Kinderschutzbund	1953 in Hamburg gegründet zum Schutz der Kinder vor Missbrauch und Misshandlung; unterhält Beratungsstellen, Tageseinrichtungen und Heime.
Berufsverband	organisierter Zusammenschluss einer Berufsgruppe, z. B. Bundesverband evangelischer oder katholischer Erzieher und Erzieherinnen. Aufgaben: berufspolitische Arbeit: z. B. der Bundesregierung Vorschläge zur Weiterentwicklung der Erzieherausbildung oder Vorschläge zur Verbesserung der Arbeitsbedingungen oder der Eingruppierungen zu unterbreiten.
Pestalozzi-Fröbel-Verband	ältester Berufsverband der Erzieherinnen. Er ist politisch und konfessionell unabhängig, informiert über pädagogische Fragen, greift unterschiedliche Positionen zu aktuellen sozialpolitischen Themen auf und

	fordert Strukturverbesserungen der außerfamiliären Erziehung.
Gewerkschaft	Organisation von Arbeitnehmern zur Durchsetzung berufsbezogener und sozialpolitischer Interessen; für Erzieher sind von Bedeutung:
GEW	**G**ewerkschaft **E**rziehung und **W**issenschaft
ver.di	**Ver**einte **Di**enstleistungsgewerkschaft; besteht seit 2001 in dieser Form; vereinigt die Gewerkschaften ÖTV, DAG, DPG, HBV, IG Medien
ÖTV	**Ö**ffentliche Dienste, **T**ransport und **V**erkehr, 2001 aufgegangen in der Gewerkschaft ver.di

Literaturverzeichnis

BAT Bundesangestelltentarifvertrag, Verlag C.H. Beck (Red.), München 2001

Benesch, H.: dtv-Atlas Psychologie, 2 Bde, München 1997

Büchin, I.: Kindgemäßes Lernen im Kindergarten, Stuttgart 1978

Döbert, H. u. a.: Materialien des Forum Bildung, Bde. 1 bis 6, Köln 2000

Elschenbroich, D.: Weltwissen der 7jährigen, München 2001

Encarta Enzyklopädie 2002, Microsoft, CD-ROM

Fröhlich, A.: Pädagogik bei schwerster Behinderung, Berlin 1991

Fthenakis, W.: Kindergarten, eine Institution im Wandel, Bremen 2000

Hettlage, R.: Familienreport, Weinheim 1992

Jank, W. und Meyer, H.: Didaktische Modelle, Frankfurt 1991

Kazemi-Veisari, E. u. a.: Pädagogische Handlungskonzepte im Kindergarten, Freiburg o. J.

Krüger, A. und Zimmer, J.: Die Ausbildung der Erzieherin neu erfinden, Berlin 2001

Künkel, A. u. a.: Management im Kindergarten, Freiburg 1994

Ministerium für Kultus und Sport Baden-Württemberg (Hrsg.): Lebensraum Kindergarten, Freiburg 1981

Meyers Lexikonredaktion (Hrsg.): Schüler Duden Pädagogik, Mannheim 1989

Meyers Lexikonredaktion (Hrsg.): Schüler Duden Psychologie, Mannheim 1996, 2. Aufl.

Mrozynski, P.: Das neue Kinder- und Jugendhilfegesetz, München 1991

Niesel, R. u. a.: Trennung, Scheidung, Wiederheirat, Weinheim 1996

Oerter, R. und Montada, L.: Entwicklungspsychologie, Weinheim 1995, 3. Aufl.

Pausewang, F.: Ziele suchen, Wege finden, Frankfurt 1994

Pfluger-Jakob, M.: Wahrnehmungsstörungen bei Kindern – Hinweise und Beobachtungshilfen, Freiburg o. J.

Pschyrembel – Klinisches Wörterbuch. Hildebrandt, H. (Red.) Berlin 1998, 258. Aufl.

Schaub, H. und Zenke, K.G.: Wörterbuch Pädagogik, München 2000, 4. Aufl.

Schenk-Danziger, L.: Entwicklungspsychologie, Wien 2001. 25. Aufl.

Schramm, K.: Einführung in die Heilpädagogik, Köln 1996

v. Schwerin, A.: Sprache haben, sprechen können, Freiburg 1990

Sachwortverzeichnis